CIVIL WAR™

VOLUME 1

CIVIL WAR

SCÉNARIO
MARK MILLAR

DESSIN
STEVE MCNIVEN

ENCRAGE
DEXTER VINES
MARK MORALES
STEVE MCNIVEN
JOHN DELL
TIM TOWNSEND

COULEURS
MORRY HOLLOWELL

TRADUCTION
KHALED TADIL

LETTRAGE
LUCIA TRUCCONE

LES NOUVEAUX VENGEURS

SCÉNARIO
BRIAN M. BENDIS

DESSIN
HOWARD CHAYKIN
LEINIL YU
OLIVIER COIPEL
PASQUAL FERRY
PAUL SMITH
JIM CHEUNG

ENCRAGE
HOWARD CHAYKIN
LEINIL YU
MARK MORALES
PASQUAL FERRY
PAUL SMITH
LIVESAY

COULEURS
DAVE STEWART
DAVE MCCAIG
JOSÉ VILLARRUBIA
DEAN WHITE
JUSTIN PONSOR

TRADUCTION
NICOLE DUCLOS
JÉRÉMY MANESSE

LETTRAGE
RAMONE

RÉDACTION USA
MOLLY LAZER, AUBREY SITTERSON, ANDY SCHMIDT,
TOM BREVOORT, JOE QUESADA, DAN BUCKLEY

DIRECTEUR DE L'ÉDITION FRANÇAISE **ALAIN GUERRINI**. COMITÉ DE DIRECTION **A. GUERRINI, A. DENECHERE, S. DALLAIN**. DIRECTEUR DÉLÉGUÉ **SÉBASTIEN DALLAIN**. DIRECTEUR ÉDITORIAL EUROPÉEN **MARCO M. LUPOI**. RESPONSABLE ÉDITORIAL **WALTER DE MARCHI**. RESPONSABLE MARKETING OPÉRATIONNEL **MARJORIE TODRANI**. CHEF DES VENTES **BENOÎT FRAPPAT**. COORDINATRICE COMMERCIALE **VALÉRIE BRYNDZA**. CONTRÔLEUR DE GESTION **GRÉGORY PELUSO**. COMMUNICATION ET RELATIONS PRESSE **SOPHIE CONY**. COORDINATEURS ÉDITORIAUX **MATTEO LOSSO, ANNA RODELLA**. SUPERVISION **LAETITIA SAMMARTINO**. RÉDACTION **VÉRONIQUE PARRA, SANDRINE VAUBOIS**. RÉDACTEUR **CHRISTIAN GRASSE**. DIRECTEUR ARTISTIQUE **MARIO CORTICELLI**. CONCEPTRICE GRAPHIQUE **SABRINA PIU**. MAQUETTISTE **STEFANIA BEVINI**. AVEC LA COLLABORATION DE **J. BAGLIO, A. JODKOWSKI, MPG** ET DE TOUTE L'ÉQUIPE DE PANINI. UN OUVRAGE MARVEL COMICS / PANINI FRANCE S.A. COMMERCIALISATION ET RELATIONS MÉDIA : PANINI FRANCE S.A. – Z.I. SECTEUR D – B.P. 62 – 06702 ST-LAURENT-DU-VAR CEDEX - WWW.PANINICOMICS.FR PRESSE-BD@PANINI.FR - TÉL. 04 92 12 57 57 / FAX 04 92 12 57 58.

CIVIL

5 **CIVIL WAR (1)**
CHAPTER 1
CIVIL WAR 1 – JUILLET 2006

38 **CIVIL WAR (2)**
CHAPTER 2
CIVIL WAR 2 – AOÛT 2006

60 **CIVIL WAR (3)**
CHAPTER 3
CIVIL WAR 3 – SEPTEMBRE 2006

82 **CIVIL WAR (4)**
CHAPTER 4
CIVIL WAR 4 – OCTOBRE 2006

105 **CIVIL WAR (5)**
CHAPTER 5
CIVIL WAR 5 – NOVEMBRE 2006

127 **CIVIL WAR (6)**
CHAPTER 6
CIVIL WAR 6 – DÉCEMBRE 2006

149 **CIVIL WAR (7)**
CHAPTER 7
CIVIL WAR 7 – JANVIER 2007

178 **LA SÉPARATION (1)**
NEW AVENGERS:
DISASSEMBLED, PART 1
NEW AVENGERS 21 – AOÛT 2006

200 **LA SÉPARATION (2)**
NEW AVENGERS:
DISASSEMBLED, PART 2
NEW AVENGERS 22 – SEPTEMBRE 2006

222 **LA SÉPARATION (3)**
NEW AVENGERS:
DISASSEMBLED, PART 3
NEW AVENGERS 23 – OCTOBRE 2006

243 **LA SÉPARATION (4)**
NEW AVENGERS:
DISASSEMBLED, PART 4
NEW AVENGERS 24 – NOVEMBRE 2006

266 **LA SÉPARATION (5)**
NEW AVENGERS:
DISASSEMBLED, PART 5
NEW AVENGERS 25 – DÉCEMBRE 2006

WAR ™

COMBIEN TU VOIS DE SUPER-VILAINS, SPEEDBALL ?

STAMFORD, CONNECTICUT :

TROIS. NON, ATTENDS. JE CROIS QUE J'AI APERÇU COLDHEART SORTIR LES POUBELLES. ÇA FAIT QUATRE. QUATRE PERSONNES PARMI LES *PLUS RECHERCHÉES* PAR LE FBI, JE ME TROMPE ?

COBALT MAN, COLDHEART, SPEEDFREEK, NITRO... NON, C'EST BIEN ÇA. QUATRE INDIVIDUS AU CASIER BIEN FOURNI QUI SE SONT ÉVADÉS DE RYKER IL Y A TROIS MOIS.

COLDHEART A DÉJÀ COMBATTU DEUX FOIS SPIDER-MAN ET – ACCROCHE-TOI BIEN – SPEEDFREEK A FAILLI VAINCRE *HULK*.

IL A **QUOI** ?

ON BOXE PAS DANS LA MÊME CATÉGORIE QUE CES TYPES. MIEUX VAUT PAS SE FOURRER LÀ-DEDANS.

PENSE À L'AUDIMAT, MICROBE. ON VA TOURNER LE MEILLEUR ÉPISODE DE TOUTE LA **DEUXIÈME SAISON**.

ÇA FAIT SIX MOIS QU'ON VADROUILLE DANS LE MIDWEST À LA RECHERCHE DE CLOWNS À SE FARCIR ET LE SEUL ADVERSAIRE QU'ON A RÉUSSI À SE TROUVER POUR L'INSTANT SE BATTAIT AVEC UNE JAMBE DE BOIS ET UNE BOMBE DE LAQUE.

CET ÉPISODE EST L'OCCASION POUR LES NEW WARRIORS D'EXPLOSER AU GRAND JOUR. SI ON TRIOMPHE DE CES GARS-LÀ, LES GENS ARRÊTERONT ENFIN DE NOUS REBATTRE LES OREILLES AVEC LE FAIT QUE **NOVA** A QUITTÉ L'ÉMISSION POUR RETOURNER DANS L'ESPACE.

QUEL EST TON PLAN ?

C'EST SIMPLE : D'ABORD, TU RETOURNES AU MAQUILLAGE, HISTOIRE DE MASQUER CE BOUTON DÉGOÛTANT QUE T'AS SUR LE MENTON, NAMORITA.

ENSUITE, ON...

OH OH.

QU'EST-CE QU'IL Y A ?

ON S'EST FAIT **REPÉRER**.

HÉ... MAIS JE VOUS RECONNAIS. VOUS ÊTES CES CRÉTINS DE *L'ÉMISSION DE TÉLÉ-RÉALITÉ* ! IL EST HORS DE QUESTION QUE JE TOMBE SOUS LES COUPS DE *SUPER-POISSON ROUGE* ET LA *REINE DU CUIR*.

DÉSOLÉ DE TE DÉCEVOIR, COLDHEART.

ON POURRA COUPER LE PASSAGE OÙ ELLE ME SURNOMME LA *REINE DU CUIR* ?

COMME SI *NIGHT THRASHER* SONNAIT PLUS HÉTÉRO...

GRÂCE À MES PETITES BESTIOLES BACTÉRIOLOGIQUES, *COBALT MAN* A FINI PAR ROUILLER. RESTE PLUS QU'À S'OCCUPER DE LEUR *CAPTAIN MARVEL* AU RABAIS.

T'INQUIÈTE, MICROBE...

...JE M'EN *CHARGE*.

DEBOUT, NITRO ! ET N'ENVISAGE MÊME PAS D'UTILISER TES PETITS PÉTARDS CONTRE MOI, SINON JE *REMETS* ÇA.

NAMORITA, C'EST ÇA ? TU SERAIS PAS LA COUSINE DU PRINCE DES MERS PAR HASARD ? QU'IMPORTE... J'AI BIEN PEUR QUE NOUS N'AYONS RIEN À VOIR AVEC LES PETITS MINABLES AUXQUELS VOUS ÊTES HABITUÉS...

ILS TIENNENT UNE PISTE SUR NITRO. APPAREMMENT, IL AURAIT QUITTÉ LA VILLE EN DOUCE À L'ARRIÈRE D'UNE CAMIONNETTE.
QUELLE IMPORTANCE ?
TOUS CES ENFANTS, TONY. ON PARLE DE 800 À 900 VICTIMES. TOUT ÇA POUR UNE STUPIDE ÉMISSION DE TÉLÉ-RÉALITÉ.
ILS AURAIENT DÛ NOUS APPELER, CAP. SPEEDBALL SAVAIT PERTINEMMENT QUE LES NEW WARRIORS N'ÉTAIENT PAS DE TAILLE.
TOUT LE PAYS A VU LE MOMENT OÙ ILS AVOUENT PARTIR À LA CHASSE À L'AUDIMAT.
MARVEL GIRL ! CYCLOPE ! ON A BESOIN DE VOUS. NOS DÉTECTEURS DE MOUVEMENT ONT REPÉRÉ UN SIGNAL UNE DIZAINE DE MÈTRES PLUS BAS, MAIS LES PELLETEUSES NE SONT PAS ENCORE ARRIVÉES.
QUE TOUT LE MONDE RECULE.

VOUS NOUS SUIVEZ MÊME QUAND NOUS VENONS AIDER LES SECOURS À GÉRER UNE CATASTROPHE ?

ON FAIT QUE NOTRE BOULOT, WOLVERINE.

LES MUTANTS NE SERONT PAS LES SEULS À ÊTRE SURVEILLÉS DE PRÈS APRÈS CET INCIDENT, MISS MARVEL. TU VERRAS, C'EST LA GOUTTE QUI FERA DÉBORDER LE VASE...

TU CROIS ?

J'EN SUIS *SÛR* ! PHILADELPHIE S'EST FAIT BOMBARDER, HULK A DÉVASTÉ *LAS VEGAS*, *WOLVERINE* A MENACÉ DE MORT LE *PRÉSIDENT*...

CROIS-MOI, LA *CHASSE AUX SORCIÈRES* VA COMMENCER. ILS VONT BIENTÔT SORTIR LES *TORCHES* ET LES *FOURCHES*.

HMM... PEUT-ÊTRE QUE CETTE FOIS, ILS N'ONT PAS TORT, GOLIATH...

QU'EST-CE QUI POURRAIT BIEN *JUSTIFIER* ÇA ?

ESPÈCE DE SALE ORDURE !

MADAME, JE VAIS VOUS DEMANDER DE BIEN VOULOIR QUITTER LES LIEUX.

QUOI ? QUITTER LES *FUNÉRAILLES* DE MON PROPRE PETIT GARÇON ? C'EST *STARK* QUE VOUS DEVRIEZ TRAÎNER HORS D'ICI !

JE COMPRENDS VOTRE BOULEVERSEMENT, MADAME, MAIS JE NE SUIS POUR RIEN DANS LE COMPORTEMENT *MALADROIT* DES NEW WARRIORS.

AH BON ! ET QUI FINANCE LES VENGEURS ? QUI RÉPÈTE AUX GOSSES DEPUIS DES ANNÉES QU'ON PEUT VIVRE AU-DESSUS DES LOIS POUR PEU QU'ON PORTE DES *COLLANTS* ET UN *MASQUE* ?

SALUT, BEAUTÉ. DÉSOLÉ DU RETARD, MAIS J'AI DÛ SAUVER EN CHEMIN UN GROUPE DE GAMINS COINCÉS DANS UN ORPHELINAT EN FLAMMES.

TU NE ME RACONTERAIS PAS DES *SALADES* POUR ÉVITER QUE JE TE FASSE LA *TÊTE*, JOHNNY...?

BON, OK... J'AVOUE... JE ME SUIS ARRÊTÉ POUR SIGNER DES AUTO-GRAPHES À QUELQUES NANAS. MAIS, RIEN DE PLUS, CHÉRIE.

CHICO ! COMMENT ÇA VA, GRAND ?

PARIS ET LINDSAY T'ATTENDENT À L'ÉTAGE, JOHNNY. ELLES N'EN *REVENAIENT* PAS QUAND JE LEUR AI DIT QUE TU SERAIS DE PASSAGE.

HÉ ! POURQUOI ILS LAISSENT RENTRER CE MINABLE, ALORS QU'ON POIREAUTE ICI DEPUIS DES HEURES ?

TU SAIS QUOI, POUPÉE ? LA PROCHAINE FOIS QUE TU SAUVES LE MONDE DES GRIFFES DE GALACTUS, JE TE PRÊTE MA *CARTE DE MEMBRE*, OK ?

ÇA MARCHE AUSSI SI ON FAIT EXPLO-SER UNE ÉCOLE, CRÉTIN ?

HEIN ? OU SI ON TUE DES *MÔMES* ?

QUOI ?

T'ES VRAIMENT GONFLÉ DE TE LA PÉTER COMME ÇA APRÈS CE QUI S'EST PASSÉ. J'AURAIS HONTE DE SORTIR SI J'ÉTAIS TOI !

QU'EST-CE QUI TE PREND DE GUEULER COMME ÇA, MON GROS ? J'AI RIEN À VOIR AVEC SPEEDBALL OU LES NEW WARRIORS, MOI ! CES MECS SONT AU MIEUX DES HÉROS DE SECONDE ZONE.

TUEUR DE GOSSES !

J'AIME PAS ÇA, JOHNNY. RAMÈNE-MOI CHEZ MOI.

KLEEESH!

JOHNNY !

TENEZ-LE. TENEZ-LE BIEN !

... LA TORCHE, DERNIÈRE VICTIME DE LA VAGUE D'AGRESSIONS QUI A FRAPPÉ LA SUPER-COMMUNAUTÉ NEW-YORKAISE. NOUS PARLERONS AUSSI DE LA PRESSION QUI S'ACCUMULE SUR LA MAISON-BLANCHE...

... LES HABITANTS DE STAMFORD VOUDRAIENT CONNAÎTRE LES PROPOSITIONS DU PRÉSIDENT CONCERNANT LA RÉFORME DU STATUT DE SUPER-HÉROS.

BRYAN DEEMER

C'EST ÇA QU'ILS VEULENT, DOCTEUR RICHARDS ? ME FORCER À DEVENIR UN DE LEURS *EMPLOYÉS FÉDÉRAUX* OU ME JETER EN PRISON SI JE REFUSE ?

EN FAIT, TU ES UN DES QUELQUES *POST-HUMAINS* AVEC QUI ILS ESPÈRENT PARVENIR À UN COMPROMIS, STEPHEN.

UNE *RETRAITE COMPLÉMENTAIRE* ET DES *CONGÉS PAYÉS* ? C'EST *RIDICULE*. NE ME DIS PAS QU'ILS SOUHAITENT FAIRE DE NOUS DES *FONCTIONNAIRES*...

ILS CHERCHENT À NOUS FAIRE METTRE *LA CLÉ SOUS LA PORTE*, LA GUÊPE.

OU À RENFORCER NOTRE **LÉGITIMITÉ**. QU'Y A-T-IL DE MAL À SUIVRE UNE FORMATION ET À RÉPONDRE DE NOS ACTES DEVANT LE PEUPLE ?

QUELQU'UN A SUGGÉRÉ DE VOTER UNE GRÈVE. VOUS PENSEZ QUE C'EST UNE BONNE IDÉE ?

NON. AH... **PATRIOT**, C'EST ÇA ? NON, JE DOUTE QUE QUELQU'UN ICI SOIT PARTISAN D'UNE GRÈVE DES SUPER-HÉROS...

BON... QUEL EST L'AVIS GÉNÉRAL ?

EN CE QUI ME CONCERNE, JE PENSE QUE STAMFORD DOIT ÊTRE UN DÉCLIC... LE "**MOMENT DE CLARTÉ**" CHER AUX ALCOOLIQUES.

SI DEVENIR EMPLOYÉ PUBLIC PEUT RASSURER LES GENS...

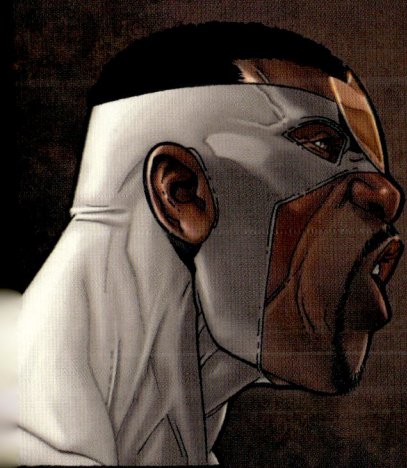

JE N'EN CROIS PAS MES OREILLES. LES **MASQUES** SONT UNE TRADITION. ON NE VA QUAND MÊME PAS LES LAISSER NOUS TRANS-FORMER EN **SUPER-FLICS** !

TU PLAISANTES ? ON A DÉJÀ DE LA CHANCE QUE LES GENS AIENT TOLÉRÉ LA SITUATION AUSSI LONGTEMPS, SAM. EXPLIQUE-MOI UN PEU POUR-QUOI NOUS **DEVRIONS** ÊTRE AUTORISÉS À RESTER DANS L'ANONYMAT.

SI TU SORTAIS DE TA TOUR D'IVOIRE, TU SAURAIS QUE LE MONDE N'EST PAS TOUT ROSE.

TU M'EN DIRAS TANT ! TU CROIS QUE JOHNNY SERAIT À L'HOSTO SI DES IDIOTS DANS TON GENRE N'AVAIENT PAS **SALI** NOTRE **RÉPUTATION**, NABOT ?

QUI SAIT ? MAIS S'ILS COMPTENT VRAIMENT NOUS FORCER À BOSSER POUR L'ONCLE SAM, JE CONNAIS UN PAQUET DE SUPER-HÉROS QUI VONT ARRÊTER LES FRAIS.

SPIDER-MAN !

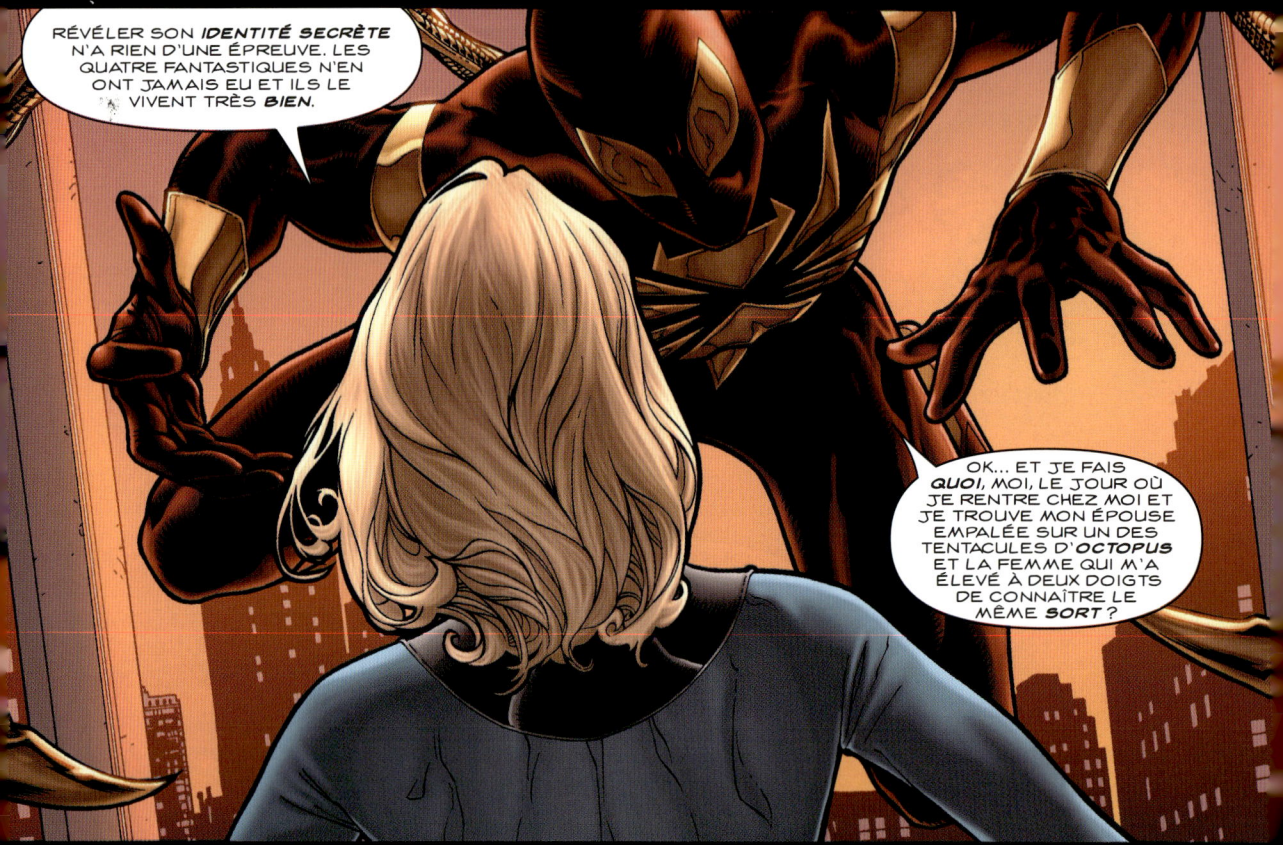

RÉVÉLER SON *IDENTITÉ SECRÈTE* N'A RIEN D'UNE ÉPREUVE. LES QUATRE FANTASTIQUES N'EN ONT JAMAIS EU ET ILS LE VIVENT TRÈS *BIEN*.

OK... ET JE FAIS *QUOI*, MOI, LE JOUR OÙ JE RENTRE CHEZ MOI ET JE TROUVE MON ÉPOUSE EMPALÉE SUR UN DES TENTACULES D'*OCTOPUS* ET LA FEMME QUI M'A ÉLEVÉ À DEUX DOIGTS DE CONNAÎTRE LE MÊME *SORT* ?

EUH... VOUS NE TROUVEZ PAS QU'ON EN FAIT UN PEU *TROP* ? APRÈS TOUT, CE NE SONT QUE DES *SPÉCULATIONS* POUR LE MOMENT, NON ?

NON. ÇA FAIT *LONGTEMPS* QUE LA MACHINE EST EN MARCHE, NIGHTHAWK. STAMFORD N'EST QUE LA *GOUTTE D'EAU* QUI FAIT DÉBORDER LE *VASE*.

L'HEURE N'EST PLUS À LA *NÉGOCIATION*.

JE SENS COMME UNE ODEUR DE *SOUFRE*.

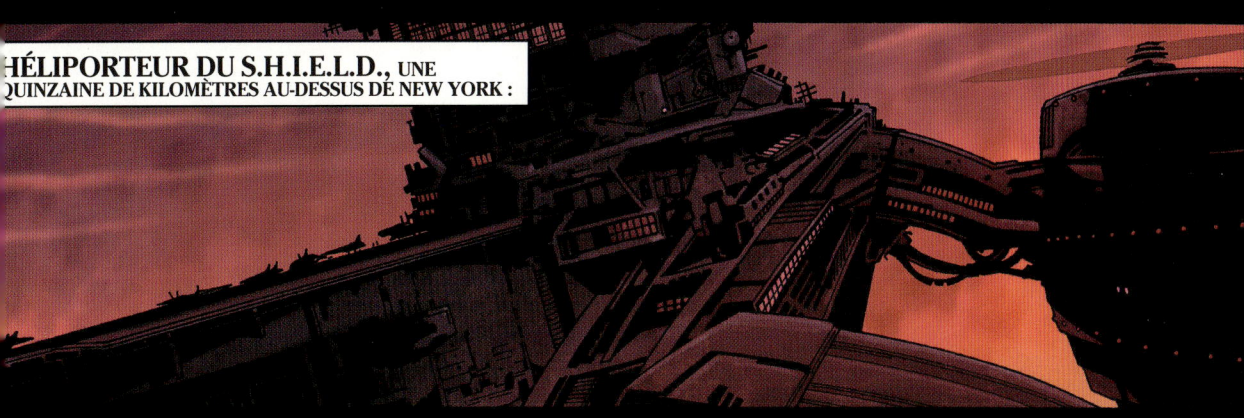

CAPTAIN.

COMMAN-DANTE HILL.

J'AI ENTENDU DIRE QUE 23 AMIS À VOUS ÉTAIENT RÉUNIS EN CE MOMENT MÊME AU BAXTER BUILDING POUR ANALYSER COMMENT LES SUPER-HÉROS DEVAIENT RÉAGIR À LA PROPOSITION PRÉSIDENTIELLE.

VOUS PENSEZ QU'ILS Y RÉPONDRONT FAVORABLEMENT ?

CE N'EST PAS À MOI D'EN JUGER.

ARRÊTEZ VOS SALADES, ROGERS. CERTES, NOUS NE SERONS JAMAIS AUSSI PROCHES QUE VOUS POUVIEZ L'ÊTRE AVEC NICK FURY, MAIS JE RESTE LA N° 1 DU S.H.I.E.L.D.

MONTREZ AU MOINS UN PEU DE RESPECT POUR L'UNIFORME.

CE PROJET FINIRA PAR DIVISER NOTRE COMMUNAUTÉ.

VOUS RISQUEZ DE NOUS PLONGER DANS UNE *GUERRE* FRATRICIDE.

C'EST QUOI, EXACTEMENT LEUR PROBLÈME ? COMMENT PEUT-ON ÊTRE OPPOSÉ À CE QUE LES SUPER-HÉROS SUIVENT UNE *FORMATION ADÉQUATE* ET SOIENT *RÉMUNÉRÉS* POUR LEUR ACTIVITÉ ?

À COMBIEN ESTIMEZ-VOUS LE NOMBRE DE REBELLES, CAPTAIN ?

BEAU-COUP.

DES GROS POISSONS ?

IL Y EN A QUELQUES-UNS, MAIS LA PLUPART SONT DES HÉROS DES BAS-FONDS COMME *DAREDEVIL* ET *LUKE CAGE*.

RIEN QUI PUISSE VOUS EFFRAYER...

PARDON ?

VOUS M'AVEZ TRÈS BIEN ENTENDU.

LA PROPOSITION DE LOI SERA VOTÉE DANS DEUX SEMAINES ET POURRAIT ÊTRE APPLIQUÉE DANS MOINS D'UN MOIS. À NOUS DE BIEN NOUS PRÉPARER.

NOUS DÉVELOPPONS ACTUELLEMENT UNE UNITÉ ANTI-SURHUMAINS, MAIS NOUS VOULONS AUSSI NOUS ASSURER QUE LES VENGEURS SONT DE NOTRE CÔTÉ ET... SOUS *VOTRE* COMMANDEMENT.

LAISSEZ TOMBER.

EN D'AUTRES TERMES, VOUS ME DEMANDEZ D'ARRÊTER DES PERSONNES QUI RISQUENT TOUS LES JOURS LEUR VIE POUR CE PAYS.

NON, JE VOUS DEMANDE DE VOUS CONFORMER À LA VOLONTÉ DU PEUPLE AMÉRICAIN, CAPTAIN.

NE VOUS AVENTUREZ PAS SUR LE TERRAIN *POLITIQUE* AVEC MOI, HILL ! LES SUPER-HÉROS DOIVENT RESTER *AU-DESSUS* DE TOUT ÇA. BIENTÔT, NOS SUPER-VILAINS SERONT *CHOISIS* PAR WASHINGTON.

POUR MOI, UN SUPER-VILAIN EST UN TYPE MASQUÉ QUI *REFUSE* DE RESPECTER LA *LOI*...

CHIK-CHAK   CHIK-CHAK   CHIK-CHAK   CHIK-CHAK

CHIK-CHAK

CHIK-CHAK

CHIK-CHAK

C'EST ÇA, VOTRE BRIGADE DE CHOC ENTRAÎNÉE À DESCENDRE LES HÉROS ?
PERSONNE NE SOUHAITE UNE GUERRE, CAPTAIN. SEULEMENT, LES GENS COMMENCENT À EN AVOIR MARRE DE VIVRE DANS LE FAR WEST.
LES HÉROS COSTUMÉS FONT PARTIE INTÉGRANTE DE L'HISTOIRE DE CE PAYS.
PAS PLUS QUE LA PETITE VÉROLE. MAINTENANT, ARRÊTEZ DE FAIRE L'IDIOT, OK ? PERSONNE NE DÉSIRE VOUS EMPÊCHER DE FAIRE VOTRE TRAVAIL.
MAIS, IL EST GRAND TEMPS QUE VOUS AGISSIEZ DANS LA TRANSPARENCE. COMME NOUS.
BAISSEZ VOS ARMES, LES GARS.
RESTEZ EN JOUE, MESSIEURS. VOUS ÊTES SOUS MES ORDRES.
BAISSEZ VOS ARMES OU JE NE RÉPONDS PLUS DE RIEN...
SERINGUES SÉDATIVES CHARGÉES. PRÊTS...
VOUS ÊTES MALADE ! C'EST N'IMPORTE QUOI !
SOYEZ MAUDITE, HILL...

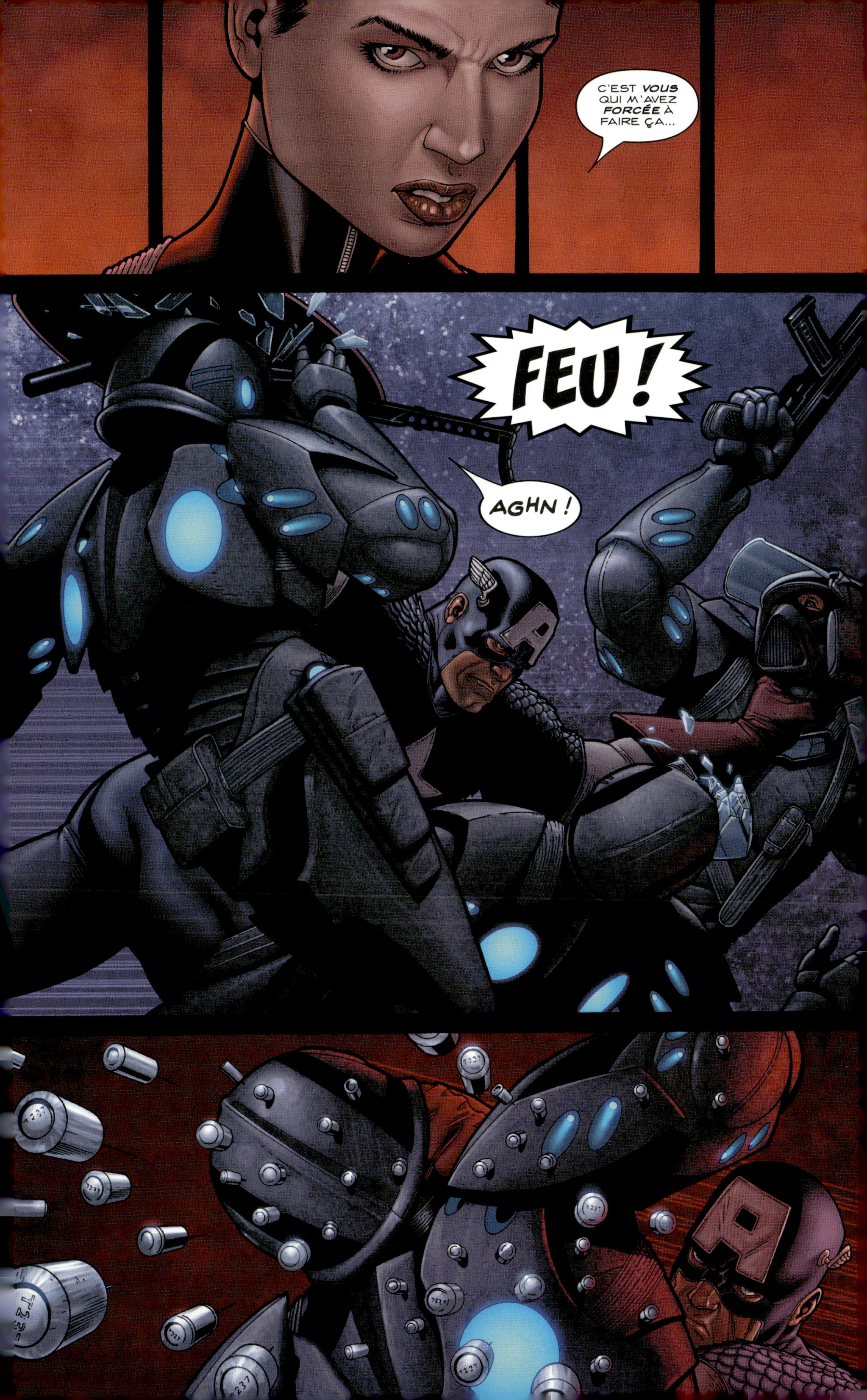
C'EST **VOUS** QUI M'AVEZ **FORCÉE** À FAIRE ÇA...
FEU !
AGHN !

UNH !

DESCENDEZ-LE ! VITE !

NE T'AVISE MÊME PAS D'Y PENSER...

MARIA HILL À TOUTES LES UNITÉS : ARRÊTEZ CAPTAIN AMERICA ! JE RÉPÈTE : ARRÊTEZ CAPTAIN AMERICA !

BRAKA
BRAKA
BRAKA
BRAKA
BRAKA
BRAKA
BRAKA
BRAKA
BRAKA
BRAKA
BRAKA
BRAKA

PTANG

TANG TANG

TANG

TANG

TANG

TANG

TANG

TANG

TANG

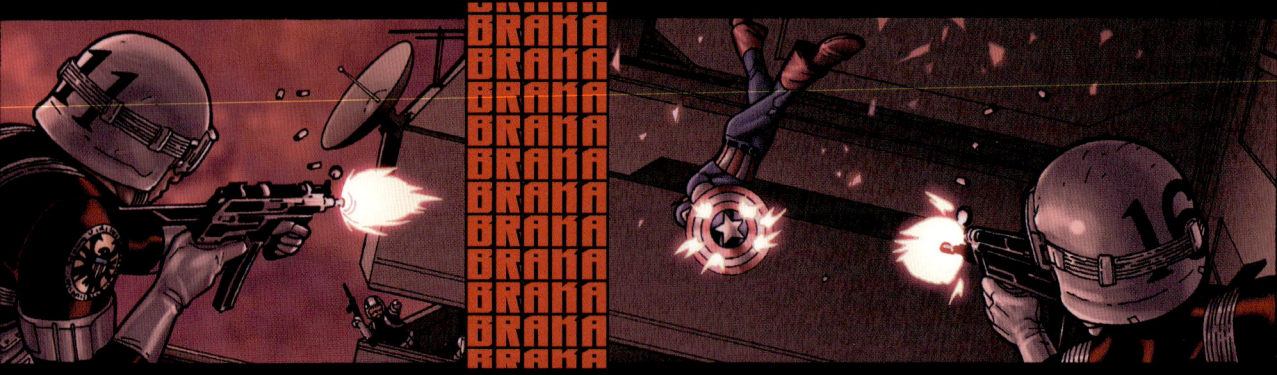

FAUCON DE GUERRE Nº 1, VOUS ÊTES AUTORISÉ À ATTERRIR. TERMINÉ.

BIEN COMPRIS, TOUR DE CONTRÔLE, MAIS QUELLE EST EXACTEMENT LA SITUATION AU SOL ?

ESPÈCE D'IMBÉCILE ! NOUS CHERCHIONS JUSTE À *SAUVER DES VIES.*

LE BAXTER BUILDING :

EUH... SUIS-JE LA SEULE À AVOIR REPÉRÉ CE MEC AU *CRÂNE ÉNORME* QUI NOUS FIXE BIZARRE-MENT ?

C'EST LE *GARDIEN*, SPIDER-WOMAN... UN ÊTRE UNIQUEMENT LÀ POUR OBSERVER LES *GRANDS BOULEVERSEMENTS* DE NOTRE EXISTENCE.

SA PRÉSENCE ICI N'AUGURE *RIEN* DE BON.

JUSTICE POUR DAMIEN !

JUSTICE POUR DAMIEN

JUSTICE POUR DAMIEN !

ABUS DE POUVOIR !

LES POUVOIRS SONT DES ARMES ! PERMIS OBLIGATOIRE !

JUSTICE POUR DAMIEN

JUSTICE POUR DAMIEN !

JUSTICE POUR DAMIEN

RÉGLEMENTONS LES POUVOIRS

JUSTICE POUR DAMIEN !

NON, LE FAIT QUE LE CONGRÈS AIT RÉAGI AUSSI RAPIDEMENT NOUS PERMET SIMPLEMENT DE CONSTATER L'INFLUENCE POLITIQUE D'UNE MIRIAM SHARPE.

ELLE ET LES AUTRES RÉFORMISTES DE STAMFORD ONT RÉVÉLÉ TOUT HAUT L'EMBARRAS DES AMÉRICAINS VIS-À-VIS DE L'**ATTITUDE INSOLENTE** DE CES SUPER-INDIVIDUS...

... PUIS, IL L'A FAIT ATTERRIR AU MILIEU DU STADE AVANT DE L'EMMENER MANGER UN *SANDWICH* !

ÇA, C'EST DU CAPTAIN AMERICA TOUT CRACHÉ ! TOUT LE MONDE EST À SES TROUSSES, MAIS IL FAIT QUAND MÊME EN SORTE DE NE PAS ABÎMER UN *CHASSEUR* À DEUX MILLIARDS DE DOLLARS !

CONTENT QUE VOUS TROUVIEZ CELA *AMUSANT*, M. LE MINISTRE. MAIS, J'AI LA DÉSAGRÉABLE IMPRESSION QUE NOTRE *PROJET RECENSEMENT* EST DÉJÀ *ASSEZ CONTROVERSÉ* COMME ÇA.

CAPTAIN AMERICA A BASCULÉ DANS LA CLANDESTINITÉ :

CE CINGLÉ M'A FRACTURÉ LE *NEZ*.

VOUS ÉTIEZ CENSÉS LE *CAPTURER*, NON ? BANDE DE CRÉTINS !

D'AUTRES SUPER-VILAINS À SIGNALER ?

NOUS EN AVONS *DEUX* ICI. SANS COMPTER *LE PIÉGEUR*, QUE MES HOMMES AURAIENT RETROUVÉ ENCHAÎNÉ AUX TOILETTES, À L'ÉTAGE INFÉRIEUR.

ÇA LUI EN FAIT COMBIEN MAINTENANT AVEC LE *VAUTOUR* ET LE *MOISSONNEUR*, COMMANDANTE HILL ? *HUIT* OU *NEUF* ?

HÉLIPORTEUR DU S.H.I.E.L.D., UNE QUINZAINE DE KILOMÈTRES AU-DESSUS DE NEW YORK :

QUINZE, SERGENT. QUINZE *SUPER-CRIMINELS* EN MOINS DE *72 HEURES*.

ÇA N'A PAS DE SENS. JE NE VOIS PAS COMMENT CAPTAIN AMERICA A PU APPRÉHENDER *TOUS* CES TYPES EN SI PEU DE TEMPS. C'EST PHYSIQUEMENT *IMPOSSIBLE*.

DONC ?

PRÉPAREZ-VOUS AU *PIRE*, SERGENT.

CAPTAIN AMERICA N'EST *PLUS* TOUT SEUL.

New York Times

New York Times

LA LOI DE RECENSEMENT VOTÉE PAR LE CONGRÈS.

DAILY BUGLE

LE PRÉSIDENT PROMET D'AGIR RAPIDEMENT.

The Boston Globe

CAPTAIN AMERICA : CLANDESTIN !

The Washington Post

TONY STARK SOUTIENT LA RÉFORME SUR LES SUPER-HÉROS.

JE SUIS ÉVIDEMMENT DÉÇUE QUE CAPTAIN AMERICA N'AIT PAS *IMITÉ* IRON MAN EN S'ENGAGEANT À NOS CÔTÉS.

NÉANMOINS, IL RESTE ENCORE SEPT JOURS AVANT QUE LA LOI NE SOIT APPLIQUÉE ET CAP PEUT TOUJOURS *CHANGER D'AVIS.*

NEW YORK :

RASSUREZ-VOUS...

LE FATALIBOT EST *KO.*

VOUS AVEZ ENTENDU ÇA ? C'EST LA JOIE D'UN PEUPLE QUI RECOMMENCE À CROIRE AUX **SUPER-HÉROS.**
JUSTEMENT, TONY... UNE FOIS QUE NOUS SERONS FONCTIONNAIRES, NE TROQUERONS-NOUS PAS NOTRE STATUT DE SUPER-HÉROS POUR CELUI DE SIMPLES **AGENTS DU S.H.I.E.L.D.** ?
NOUS **RESTONS** DES SUPER-HÉROS, JENNIFER. NOUS NOUS BATTONS CONTRE DES SUPER-VILAINS ET NOUS SAUVONS DES VIES.
NON, LA SEULE PETITE DIFFÉRENCE, C'EST QUE LES **ENFANTS**, LES **INCOMPÉTENTS** ET LES **MARGINAUX** N'AURONT PLUS LEUR PLACE PARMI NOUS.
TU PLACES **CAPTAIN AMERICA** DANS QUELLE CATÉGORIE, IRON MAN ?
CETTE FOIS, IL SE **TROMPE**, TIGRA.
CROIS-MOI.

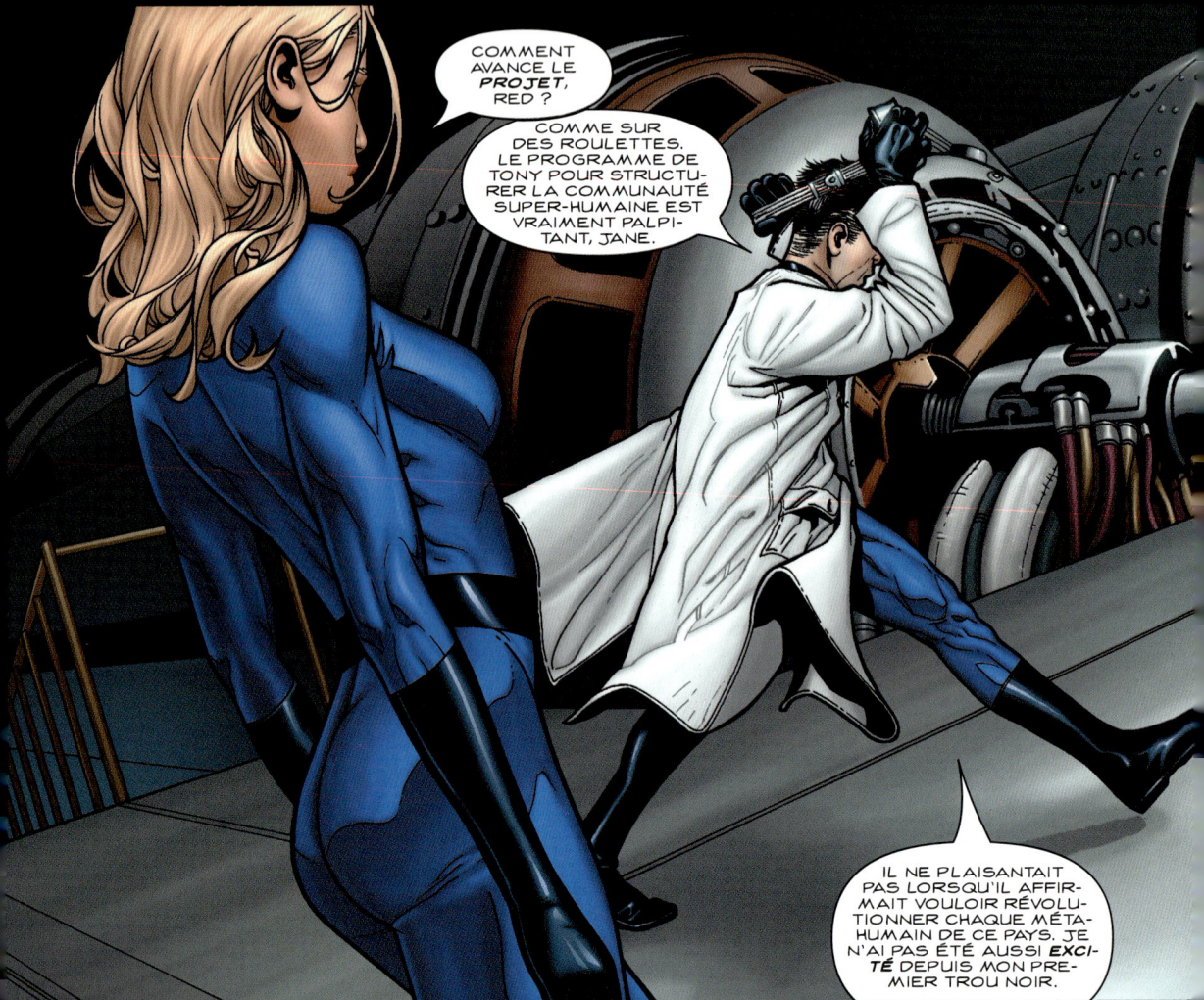

COMMENT AVANCE LE *PROJET*, RED ?

COMME SUR DES ROULETTES. LE PROGRAMME DE TONY POUR STRUCTURER LA COMMUNAUTÉ SUPER-HUMAINE EST VRAIMENT PALPITANT, JANE.

IL NE PLAISANTAIT PAS LORSQU'IL AFFIRMAIT VOULOIR RÉVOLUTIONNER CHAQUE MÉTAHUMAIN DE CE PAYS. JE N'AI PAS ÉTÉ AUSSI *EXCITÉ* DEPUIS MON PREMIER TROU NOIR.

J'AURAIS AIMÉ PARTAGER TON ENTHOUSIASME, RED. SEULEMENT, LA MOITIÉ DE NOS AMIS RISQUENT DE SE RETROUVER EN *PRISON*.

SOIT. MAIS S'ILS REFUSENT DE SE DÉCLARER, ILS NE NOUS LAISSENT GUÈRE D'AUTRE CHOIX. JETTE DONC UN ŒIL À MES PROJECTIONS ET TU VERRAS LE *DANGER* QUI NOUS GUETTE.

JONAH, TONY STARK TIENDRA UNE GRANDE CONFÉRENCE DE PRESSE DEMAIN MATIN. URICH EST SUR LE COUP, MAIS PARKER N'EST *PAS DANS LES PARAGES*. QUI VEUX-TU ENVOYER POUR LE *REMPLACER* ?

JONAH ?

DÉSOLÉ, ROBBIE. J'AVAIS L'ESPRIT AILLEURS.

TU TE RENDS COMPTE ? LE CREDO MÊME DE NOTRE JOURNAL EST DEVENU UN *TEXTE DE LOI.*

FINIS LES MASQUES ET AUTRES *IDENTITÉS SECRÈTES* ! CE SOIR, À MINUIT, CES BOUFFONS SERONT CONTRAINTS DE TRAVAILLER POUR LE *S.H.I.E.L.D.* OU DE CROUPIR EN *PRISON.*

TU PENSES QUE TOUS LES SUPER-HÉROS JOUERONT LE JEU ?

NON.

SEULEMENT LES PLUS INTELLIGENTS.

APPARTEMENT DE TONY STARK :

PLUS QUE VINGT MINUTES, TONY. D'APRÈS LE S.H.I.E.L.D., NOUS AURIONS DÉJÀ 38 SIGNATURES. C'EST CE QUE TU AVAIS *PRÉVU*, N'EST-CE PAS ?

PLUS OU MOINS, HAPPY. TU AS DES NOUVELLES DE CAP ?

JE SAIS JUSTE QU'IL S'EST CONSTITUÉ UNE ÉQUIPE ET QU'IL EST DÉTERMINÉ À ALLER AU *BOUT* DE SES IDÉES.

MON DIEU...

FAITES QUE NOUS NE SOYONS PAS DANS LE FAUX...

MINUIT :

PROMULGATION DE LA LOI DE RECENSEMENT

Sony

PROMULGATION DE LA LOI DE RECENSEMENT PROMUL

24 HEURES PLUS TARD :

HUFF.

HUFF.

HUFF.

HUFF.

TOUR DE CONTRÔLE ?
UN MINEUR COSTUMÉ CLAN-
DESTIN A TENTÉ DE FAIRE
ÉCHOUER UN BRAQUAGE. UN
DÉNOMMÉ PATRIOT DU GROU-
PE DES *JEUNES VENGEURS*.
NOUS ENGAGEONS
LA POURSUITE.

BIEN REÇU, FOX-TROT 1.
INTERDICTION FORMELLE
D'UTILISER AUTRE CHOSE
QUE DES *SERINGUES
SÉDATIVES*.

TU ES SÛR QUE CE GAMIN EST *INDES-TRUCTIBLE* ?

JE NE M'EN FAIS PAS POUR LUI. C'EST L'ÉTAT DE *L'IMMEUBLE* QUI M'INQUIÈTE. LA COMMANDANTE A PROMIS DES *SANCTIONS* EN CAS DE *DOMMAGES COLLATÉRAUX*.

TU AS VU LES *DÉGÂTS* QUE TU AS CAUSÉS ? TU AS VU CE QUI SE *PASSE* QUAND ON CHERCHE À IMITER *CAPTAIN AMERICA* ?

AILLEURS :

LE S.H.I.E.L.D. VIENT D'APPRÉ-HENDER LES JEUNES VEN-GEURS SUR LA 23ÈME RUE. ON ENVOIE QUEL-QU'UN INTER-CEPTER LE CONVOI ?

CAP ET LE FAUCON SONT DÉJÀ *SUR PLACE* INCOGNI-TO, DAREDEVIL. M. WILSON A MÊME POUSSÉ LE VICE JUSQU'À ME DEMANDER DE METTRE LE *CAFÉ* EN ROUTE.

TU VOIS, C'EST EXACTEMENT CE QUE JE DISAIS : CES GAMINS ONT QUOI... 16-17 ANS ? ET ILS SE PERMETTENT DE SORTIR NOUS *NARGUER* EN COLLANT.

PERSONNE N'A PARLÉ D'INTERDIRE LEURS ACTIVITÉS. AU CONTRAIRE ! ILS PROPOSENT MÊME DE *PAYER* CES BOUFFONS POUR PEU QU'ILS ACCEPTENT DE SE FAIRE RECENSER.

MAIS NON... CE QUI *EXCITE* CES TARÉS, C'EST DE SE CACHER DERRIÈRE UN MASQUE.

ATTENDS QU'ILS VOIENT LA NOUVELLE PRISON QU'ILS CONSTRUISENT SPÉCIALE-MENT POUR EUX. ILS VONT ÊTRE VITE CALMÉS. T'EN AS ENTENDU PARLER ? MACHIN-BIDULE *42*...

À CE QUI PARAÎT, RIEN QUE POUR REGARDER LES PLANS DU BÂTIMENT, IL FAUT DES *LUNETTES SPÉCIALES.*

TU SAIS QUOI, MEC ?

Newark
Kearny

TU PARLES *TROP* !

SALE FILS DE...!

WICCAN, DÉBROUILLE-TOI POUR NOUS SORTIR UN DE TES *SORTILÈGES DE TÉLÉPORTATION* ! ET *VITE*, COMPRIS ?

D-D'AC-CORD.

ALERTE À TOUTES LES UNITÉS SITUÉES PRÈS DU *PONT GEORGE WASHINGTON* ! LE *CAMION DU S.H.I.E.L.D.* N°1 SEMBLE AVOIR ÉTÉ *DÉTOURNÉ* !

QUE *TOUTES* LES *PATROUILLES* SE RENDENT *SUR PLACE* !

UNGH!

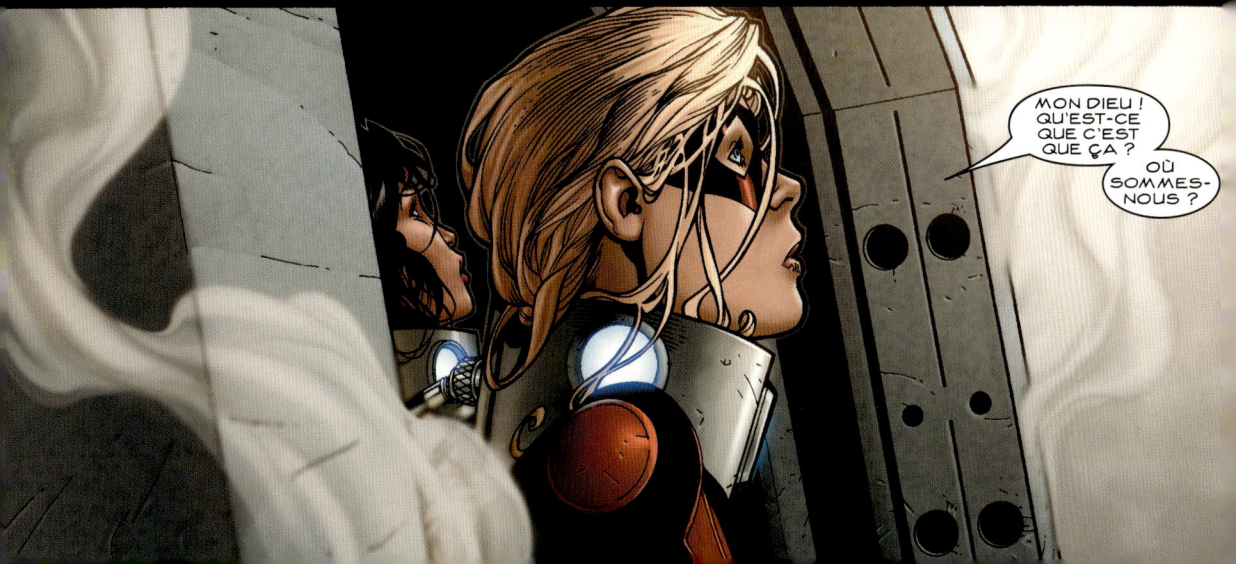

MON DIEU ! QU'EST-CE QUE C'EST QUE ÇA ?

OÙ SOMMES-NOUS ?

FÉLICITATIONS, LES ENFANTS.

ET BIENVENUE AU SEIN DE LA *RÉSISTANCE*.

QU'EST-CE QUE C'EST QUE CET *ENDROIT* ?

C'EST LE BUNKER DU S.H.I.E.L.D. N°23. IL EN EXISTE 27 AUTRES COMME CELUI-CI À TRAVERS LE GLOBE, TOUS CONNUS DES SEULS AGENTS DU S.H.I.E.L.D. AYANT ACCÉDÉ AU 33ÈME ÉCHELON.

ET COMBIEN Y EN A DANS CE CAS ?

UN SEUL : NICK FURY.

LUI AUSSI VIT DANS LA CLANDES-TINITÉ. ON NE PEUT LE JOINDRE QUE PAR TÉLÉPHONE CRYPTÉ, MAIS IL NOUS A PERMIS DE RESTER ICI AUSSI LONGTEMPS QUE NOUS LE DÉSIRONS. IL ÉLABORE ACTUELLE-MENT NOS NOUVELLES IDENTITÉS SECRÈTES.

POURQUOI AVONS-NOUS BESOIN D'UNE NOUVELLE IDENTITÉ SECRÈTE ?

PARCE QUE L'ANCIENNE N'A SÛREMENT PLUS RIEN DE SECRET, PATRIOT. TU AURAS AUSSI BESOIN D'UN LIEU SÛR OÙ TE RÉFUGIER ENTRE DEUX RÈGLEMENTS DE COMPTE.

ET CE LIEU SÛR, C'EST *ICI*.

C'EST À PARTIR DE CE Q.G. QUE NOUS *COMBATTRONS* LES IDÉES FRACAS-SANTES DE LA BANDE À TONY.

HÉ, LES GARS, VENEZ *VOIR* ÇA...

MESDAMES ET MESSIEURS, JE PENSE QU'IL EST INUTILE DE VOUS PRÉSENTER MME MIRIAM SHARPE.

VOUS VOUS SOUVENEZ SANS DOUTE QUE MME SHARPE A PERDU SON FILS LORS DU DRAME DE STAMFORD ET A ÉTÉ À L'ORIGINE DE MON ENGAGEMENT POUR QUE LES *SUPER-HÉROS* DEVIENNENT DES *AGENTS FÉDÉRAUX*.

QU'EST-CE QUI SE PASSE ENCORE...?

DE LA MÊME MANIÈRE, JE CROIS QUE SPIDER-MAN NE VOUS EST PAS INCONNU...

J'ESPÈRE QUE TU SAIS CE QUE TU *FAIS*, TONY...

VOUS N'ÊTES PAS SANS SAVOIR QUE EUH... J'AI TOUJOURS VEILLÉ À GARDER MON IDENTITÉ SECRÈTE...

... ET APRÈS EN AVOIR LONGUEMENT DISCUTÉ AVEC MA FAMILLE, IL ÉTAIT TEMPS POUR MOI DE PRENDRE POSITION.

VOYEZ-VOUS, LA LOI DE RECENSEMENT NOUS IMPOSE DE FAIRE UN CHOIX : SOIT NOUS SUIVONS LA VOIE DE CAPTAIN AMERICA ET TOLÉRONS QUE LES ÊTRES DOUÉS DE SUPER-POUVOIRS ÉCHAPPENT À TOUT CONTRÔLE...

... SOIT NOUS POUSSONS LES SUPER-HÉROS À REGAGNER LA CONFIANCE DU PEUPLE EN SE DÉCLARANT OFFI-CIELLEMENT.

M. JAME-SON ?

MLLE GRANT, SI VOUS SOUHAITEZ CONSERVER VOTRE POSTE, JE VOUS CONSEILLE DE NE PAS DIRE UN MOT DE PLUS.

SI JE PORTE CE MASQUE, CE N'EST PAS PARCE QUE J'AI *HONTE* DE CE QUE JE SUIS. BIEN AU CONTRAIRE... JE SUIS *FIER* ! ET JE COMPTE BIEN VOUS LE *PROUVER*...

VOUS AVEZ DÉMASQUÉ SPIDER-MAN *EN DIRECT* À LA TÉLÉVISION ?

PAS EXACTEMENT. PETER PARKER S'EST DÉMASQUÉ *DE SON PLEIN GRÉ* APRÈS QU'IRON MAN LUI A EXPLIQUÉ LA *GRAVITÉ* DE LA SITUATION.

LE TAUX DE POPULARITÉ DES SUPER-HÉROS EST AU PLUS BAS. LE PROJET DE STARK EST NOTRE SEULE CHANCE DE POUVOIR REPARTIR SUR DES BASES SAINES.

VOUS VOULEZ CRÉER UNE SUPER-POLI-CE CHARGÉE DE SURVEILLER LES CIN-QUANTE ÉTATS QUE COMPTE VOTRE PAYS ? ET QUE JE TRAQUE LES SUPER-HÉROS *OPPOSÉS* À CETTE INITIATIVE ?

NE COMPTE PAS SUR MOI. LES WAKANDAIS N'AIMENT PAS QUE LES AMÉRI-CAINS S'IMMISCENT DANS LEURS AFFAIRES. J'IMAGINE QUE C'EST *RÉCIPROQUE*.

À VRAI DIRE, LE PRÉSIDENT A *PERSON-NELLEMENT* RÉCLA-MÉ TON INTERVEN-TION...

DÉSOLÉ DE LE *DÉCEVOIR*... ET SINON, COMMENT SE PORTE JOHNNY STORM ? A-T-IL RÉCUPÉRÉ DE SES BLESSURES ?

ÇA FAIT DEUX JOURS QUE JE N'AI PAS EU DE NOUVELLES. MAIS JANE N'A PAS QUITTÉ SON CHEVET. ELLE M'AURAIT *PRÉVENU* S'IL Y AVAIT EU DES COMPLICATIONS.

J'ADORE CET ENDROIT, PAS TOI ? CETTE JUNGLE HIGH-TECH.

QUEL SENTIMENT ÉTRANGE DE SE RETROUVER ICI PARMI CES ARBRES SANS ENTENDRE LE MOINDRE BRUIT *D'INSECTES* OU *D'OISEAUX*.

JE ME SUIS TOUJOURS DEMANDÉ SI C'EST L'ÉCOSYSTÈ-ME QUI S'ADAPTAIT NATURELLEMENT OU SI TU L'AVAIS MANIPULÉ *ARTIFICIELLEMENT*.

UN CONSEIL, RED.

APPELLE JANE.

VENGEURS SECRETS" DE CAP DÉJOUENT LE COMPLOT DES SINISTER SIX

Boston Star

CHEZ DR STRANGE, À GREENWICH VILLAGE :

JE SUIS NAVRÉ, POURPOINT JAUNE, MAIS MON MAÎTRE N'A AUCUNE INTENTION DE SOUTENIR LE PROJET DE TONY STARK.

D'AILLEURS, IL S'EST ACTUELLEMENT ISOLÉ DANS SON REFUGE ARCTIQUE POUR *JEÛNER* QUARANTE JOURS DURANT, DANS L'ESPOIR DE TROUVER UNE SOLUTION DE *COMPROMIS*.

BIEN. IL SAIT OÙ ME TROUVER S'IL CHANGE D'AVIS, WONG.

FOUTUE MONTRE ! J'AI TOUJOURS L'IMPRESSION QUE LE TEMPS S'ARRÊTE QUAND JE VIENS ICI.

The Chronicler

TONY STARK PROMET DE S'ATTAQUER AUX SUPER-REBELLES

MAIS SUR COMBIEN DE SUPER-HÉROS PEUT-IL S'APPUYER ?

C'EST BIEN LA PREMIÈRE FOIS DEPUIS *MARRAKECH* QUE NOUS NOUS RETROUVONS EN TÊTE À TÊTE, MLLE FROST.

DIS-MOI... EST-CE QUE CYCLOPE EST AU COURANT DU PETIT ARRANGEMENT SUR LEQUEL NOUS NOUS ÉTIONS MIS D'ACCORD À L'ÉPOQUE OÙ NOUS ÉTIONS TOUS DEUX CÉLIBATAIRES ?

CYCLOPE EST AU COURANT DE *TOUT*, TONY. COMME IL NE PEUT RIEN ME CACHER EN RAISON DE MES CAPACITÉS TÉLÉPATHIQUES, JE TROUVE NORMAL DE JOUER ÉGALEMENT CARTES SUR TABLE AVEC LUI.

WHAOU...

TU AS BIEN CHANGÉ.

BON, INUTILE D'EXPLIQUER LES RAISONS DE MA VISITE, JE PRÉSUME.

CE NE SERA EFFECTIVEMENT PAS NÉCESSAIRE. À L'ISSUE DE LA RÉUNION QUE NOUS AVONS TENUE HIER SOIR, NOUS AVONS DÉCIDÉ QUE CAPTURER LES PERSONNES OPPOSÉES À LA LOI DE RECENSEMENT ALLAIT À L'ENCONTRE DES *PRINCIPES* DÉFENDUS PAR LES X-MEN.

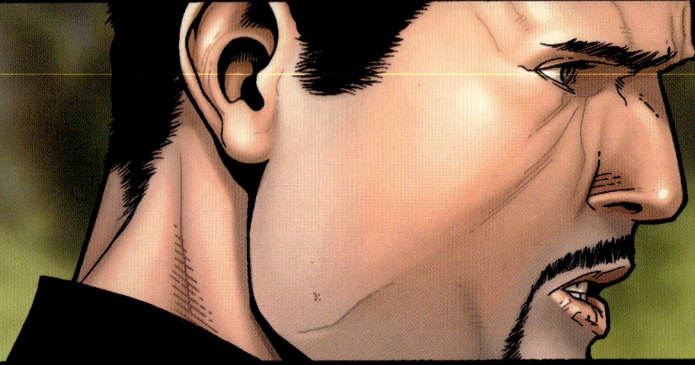

JE PENSAIS QUE TU ÉTAIS CENSÉE **DÉFENDRE** LES INTÉRÊTS DE TES **ÉTUDIANTS**, EMMA. TROUVES-TU JUDICIEUX DE LES PLACER EN PORTE-À-FAUX VIS-À-VIS DU GOUVERNEMENT AMÉRICAIN ?

LOIN DE NOUS CETTE IDÉE. LA RÉSERVE OÙ NOUS A PLACÉS LE GOUVERNEMENT NOUS CONVIENT PARFAITEMENT. NOUS DEMANDONS SIMPLEMENT QU'ON NOUS LAISSE TRANQUILLES ET EN ÉCHANGE, VOUS AVEZ NOTRE PAROLE QUE NOUS NE FORMERONS AUCUNE ALLIANCE AVEC TON AMI AU BOUCLIER ÉTOILÉ.

À VOUS DE VOIR.

COMPTENT-ILS SE JOINDRE À NOUS, M. STARK ?

J'AI BIEN PEUR QUE NON, HAPPY. MAIS ILS NE S'ALLIERONT PAS À CAP POUR AUTANT. PAR CONSÉQUENT, NOUS GARDONS NOTRE AVANTAGE NUMÉRIQUE SUR LE CAMP D'EN FACE.

POURSUIVONS NOTRE POLITIQUE DE RÉPRESSION COMME PRÉVU. IL EST IMPORTANT QUE CES HOMMES SOIENT NEUTRALISÉS AVANT QUE JE NE PRÉSENTE MON *PROJET DES CINQUANTE ÉTATS*.

IRON MAN ?

TU AS *DEUX* MINUTES ?

CAPTAIN AMERICA :

JE M'APPELLE BRETT HENDRICK ET JE SUIS LE CHEF DE LA SÉCURITÉ D'UN CENTRE COMMERCIAL DU QUEENS.

HERCULE :

MOI, C'EST VICTOR TEGLER. JE SUIS CONSULTANT EN INFORMATIQUE AU SEIN D'UNE IMPORTANTE *COMPAGNIE FINANCIÈRE INTERNATIONALE*.

DAREDEVIL :

ET MOI, *COOPER PEYTON*. JE SUIS INGÉNIEUR ET JE VIENS DE *LONG ISLAND*.

GOLIATH :

ET *TRAVAILLEUR SOCIAL*, EN PLUS ! J'AVAIS POURTANT BIEN PRÉCISÉ À NICK FURY QUE JE VOULAIS UN BOULOT SYMPA... COMME *ACTEUR* OU *PILOTE AUTOMOBILE*.

VOUS CROYEZ QU'IL PEUT ENCORE CHANGER ÇA ?

ROCKWELL DODSWORTH ? QUEL DRÔLE DE NOM !

OUBLIE. NOUS DEVONS NOUS CONTENTER DE CE QU'IL NOUS DONNE. ET PUIS, CES IDENTITÉS SECRÈTES SONT JUSTE UN MOYEN POUR NOUS DE FAIRE PROFIL BAS LORSQUE NOUS NE SOMMES PAS OCCUPÉS À DES *TÂCHES PLUS IMPORTANTES*.

JE ME SUIS TELLEMENT FAIT À L'IDÉE D'ADOPTER UNE NOUVELLE IDENTITÉ SECRÈTE QUE JE ME SUIS MÊME INVEN-TÉ UN NOUVEAU PLAT FAVORI... UN NOUVEAU FILM-CULTE... UN NOUVEAU GROUPE PRÉFÉRÉ...

VOUS PENSEZ QUE C'EST TONY STARK QUI A CONVAINCU *SPIDER-MAN* DE SE DÉMASQUER *EN PUBLIC* ?

STRATÉGIQUEMENT PARLANT C'EST UNE EXCELLENTE INITIATIVE. PERSONNE N'A TENU À PROTÉGER SON IDENTITÉ SECRÈTE MIEUX QUE SPIDER-MAN. C'EST DONC UN MES-SAGE FORT ADRESSÉ À TOUS LES SUPER-HÉROS COSTUMÉS ENCORE INDÉCIS.

JE PENSE AU PETIT GARÇON QUE JE VIENS DE RENCONTRER PAR L'INTERMÉDIAIRE DE L'ASSOCIATION RÊVES.

JE LUI AI PROMIS QUE JE JOUERAI AU BASEBALL AVEC LUI DANS SON JARDIN, MAIS L'ENDROIT DOIT ÊTRE TRUFFÉ DE *MERCENAIRES* MAINTENANT.

ÇA VA, CAPTAIN ? T'ES PAS TRÈS BAVARD...

BRRRRR BRRRRR

TOUTES CES PETITES CHOSES QUI NE NOUS SONT PLUS PERMISES DEPUIS LEUR LOI DE RECENSE-MENT À LA NOIX...

CE SONT POURTANT CES PETITES CHOSES QUI *FONT* DE NOUS CE QUE NOUS *SOMMES*.

UN PRO- BLÈME ?

UN INCENDIE S'EST DÉCLARÉ DANS UNE USINE DE PÉTROCHIMIE NON LOIN DE L'HUDSON. TROIS À QUATRE CENTS PERSONNES SONT BLOQUÉES DANS LES LOCAUX. LA CAPE ET L'ÉPÉE VONT VENIR POUR NOUS TÉLÉPORTER JUSQUE LÀ-BAS.

GARDEZ LA MONNAIE, MADAME. MERCI POUR TOUT.

RECEVOIR DES APPELS D'URGENCE, ÊTRE OBLIGÉS DE SE CHANGER DANS DES RUELLES SORDIDES...

... C'EST TRISTE À DIRE, MAIS... JE COMMENCE À Y PRENDRE GOÛT.

HÔPITAL PRESBYTÉRIEN DE NEW YORK :

NON. JE NE TROUVE PAS ÇA "COOL" QUE CAP CONTINUE À COMBATTRE LES CRIMINELS. CE QUI SERAIT COOL, EN REVANCHE, C'EST QU'IL ARRÊTE D'EN- FREINDRE LA LOI.

LES PASSAGERS DE L'AVION DÉTOURNÉ QU'ILS VIENNENT DE SAUVER DOIVENT EN TOUT CAS UNE FIÈRE CHANDELLE AUX VENGEURS SECRETS DE CAPTAIN AMERICA, DARLENE.

MON DIEU !

QUE FAITES-VOUS DEBOUT, M. STORM ? VOUS ÊTES CENSÉ RESTER AU LIT !

QUELQU'UN SAIT OÙ EST PARTIE MA SŒUR ?

COMBIEN D'EMPLOYÉS ÉTAIENT BLO- QUÉS D'APRÈS LA RADIO ?

TROIS À QUATRE CENTS... MAIS IL Y A QUELQUE CHOSE QUI CLOCHE, CAPTAIN. LE SITE D'INFO-NET N'A RELEVÉ AUCUNE ALERTE NI...

QU'Y A-T-IL, CABLE ?

GEFFEN-MEYER
UNE FILIALE DE STARK INDUSTRIES

DÉGAGEONS D'ICI, LES GARS !

C'EST UN *PIÈGE* !

CAPE !

WICCAN !

ÉVIDEMMENT QU'IL S'AGIT D'UN PIÈGE. C'ÉTAIT LE SEUL MOYEN DE VOUS RÉUNIR TOUS AU MÊME ENDROIT !

QU'EST-CE QU'ILS LEUR ONT FAIT, CAP ? LEUR CORPS EST *GLACÉ* !

JE N'ATTENDS QUE VOTRE FEU VERT, SPIDER-MAN.

SIMPLE SERINGUE SÉDATIVE POUR EMPÊCHER QUI QUE CE SOIT DE SE TÉLÉPORTER.

VOUS AVEZ TOUT LE MONDE DANS LE VISEUR, SKY-BIRD 1 ?

HÉLIPORTEUR DU S.H.I.E.L.D. :

ICI MARIA HILL. APPEL À TOUTES LES UNITÉS AÉRIENNES. VOUS N'ÊTES LÀ QU'EN RENFORT. ATTENDEZ MES ORDRES AVANT D'OUVRIR LE FEU.

TES EMPLOYEURS ONT ADOUCI LEUR DISCOURS, TONY ?

NOUS NE SOMMES PAS VENUS POUR T'ARRÊTER, CAP. J'AI CONVAINCU LE S.H.I.E.L.D. DE VOUS PROPOSER UNE DERNIÈRE AMNISTIE.

EN GROS, TU NOUS PROPOSES DE CAPITULER...

DÉSOLÉ, MAIS JE PRÉFÈRE PRENDRE LE RISQUE DE POURSUIVRE MON COMBAT.

OH, NE ME PARLE PAS DE PRINCIPES, SPIDER-MAN. J'AI VU TON PETIT NUMÉRO À LA TÉLÉ. COMMENT A RÉAGI MARY-JANE EN APPRENANT QUE L'HOMME-SABLE AVAIT SON ADRESSE ?

ARRÊTE UN PEU. TU SAIS TRÈS BIEN QUE LES SEULS GAGNANTS DE CETTE HISTOIRE SONT LES SUPER-VILAINS. OR, ÇA VA À L'ENCONTRE MÊME DE TES PRINCIPES.

ALLEZ, CAP. JE SAIS QUE TU ES ÉNERVÉ ET QUE MA PROPOSITION VA GRANDEMENT CHAMBOULER NOTRE MODE DE FONCTIONNEMENT. MAIS IL FAUT TE FAIRE UNE RAISON : NOUS NE SOMMES PLUS EN 1945.

LES GENS EN ONT ASSEZ DES MASQUES ET AUTRES IDENTITÉS SECRÈTES. ILS VEULENT SE SENTIR EN SÉCURITÉ LORSQUE NOUS SOMMES DANS LES PARAGES ET JE NE VOIS PAS D'AUTRES MOYENS DE GAGNER LEUR RESPECT.

ÇA FAIT SI LONGTEMPS QU'ON SE CONNAÎT, CAP. CROIS-TU VRAIMENT QUE JE RÉAGIRAIS AINSI SI JE N'ÉTAIS PAS CONVAINCU DE LA JUSTESSE DE MON CHOIX ?

NOUS NE CHERCHONS PAS L'AFFRONTEMENT. NOUS TENONS JUSTE À T'EXPLIQUER CE QUE NOUS ENVISAGEONS DE REMANIER EN PROFONDEUR POUR LES DÉCENNIES À VENIR.

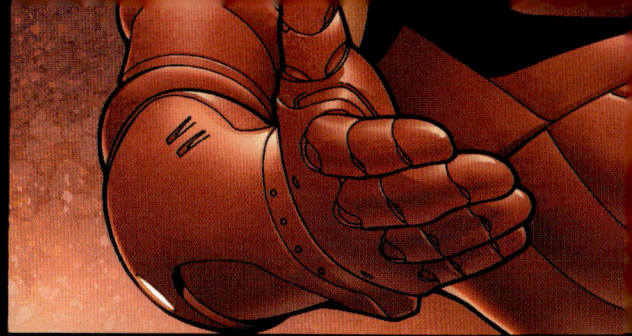

CE BROUILLEUR D'ÉLECTRONS DU S.H.I.E.L.D. A ÉTÉ CONÇU PAR LES TECHNICIENS DE NICK FURY AU CAS OÙ D'AVENTURE TU REJOINDRAIS LE CAMP ADVERSE.
AAAGH !
TU N'AURAIS PAS DÛ CAPTURER DEUX DE MES **HOMMES**, TONY.
UNH !
TOUS À L'EAU ! VITE !!
JE T'EN PRIE, HANK ! INUTILE DE GRANDIR...

HURRK !
MOI QUI TE CROYAIS PLUS FUTÉ QUE LA MOYENNE, BILL.
TOUR DE CONTRÔLE AUX UNITÉS AÉRIENNES : N'INTERVENEZ QUE S'ILS DÉPASSENT LE PÉRIMÈTRE.
"NOM DE CODE : ÉCLAIR" EST EN ROUTE. JE RÉPÈTE, N'OUVREZ LE FEU QUE SI IRON MAN VOUS EN DONNE L'ORDRE.
J'AI AUCUNE ENVIE DE VOUS TAPER, LES GARS ! POURQUOI FAUT-IL QUE VOUS EN FASSIEZ QU'À VOTRE TÊTE ?
UNGH !

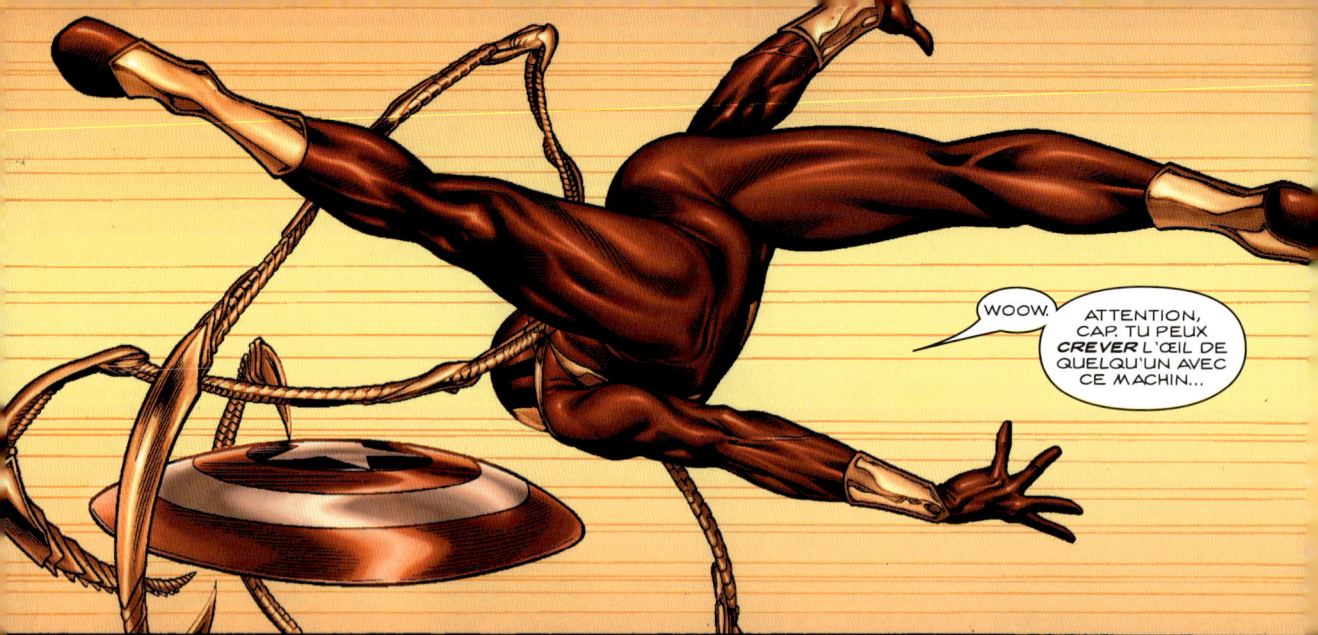

SANS PARLER DE SA FONCTION SPÉCIALE *"TABASSAGE EN RÈGLE".*

REDIRECTION DE L'ALIMENTATION PRINCIPALE. REDÉMARRAGE DE L'ARMURE.

REDIRECTION.

REDÉMARRAGE.

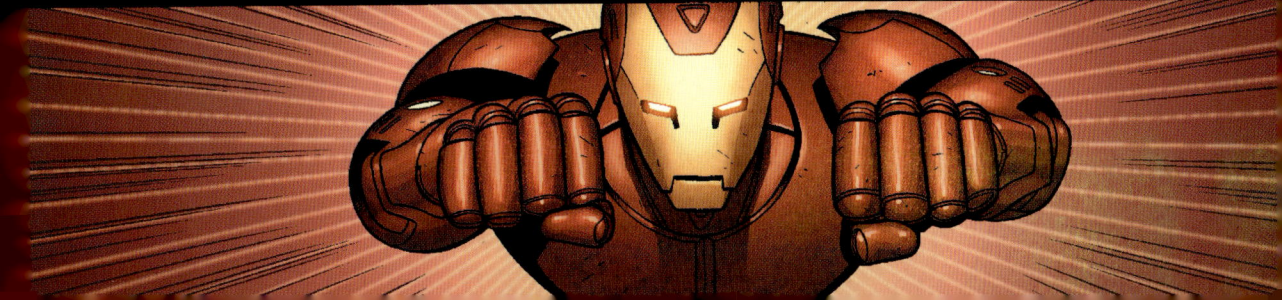

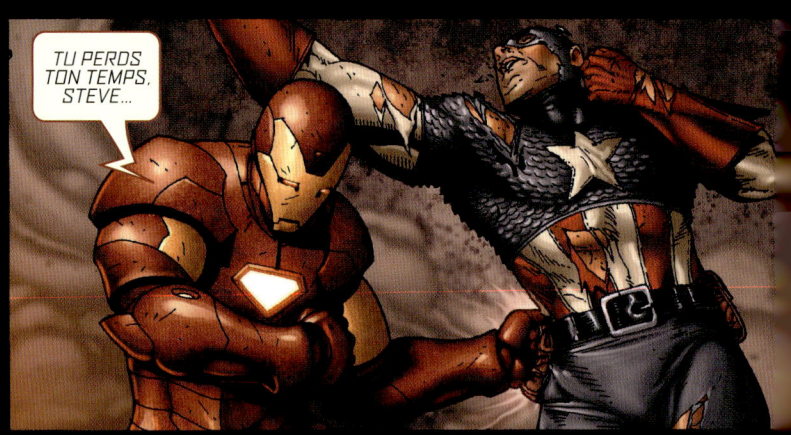

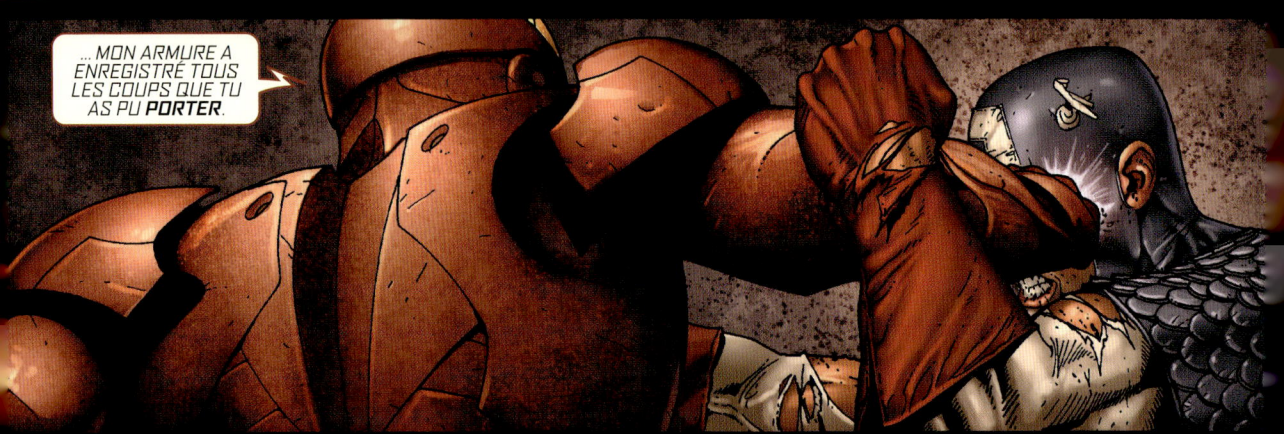

HORS DE MON CHEMIN, SALES TRAÎTRES ! IL VA FINIR PAR LE TUER !

TIENS BON, CAP ! J'ARRIVE !

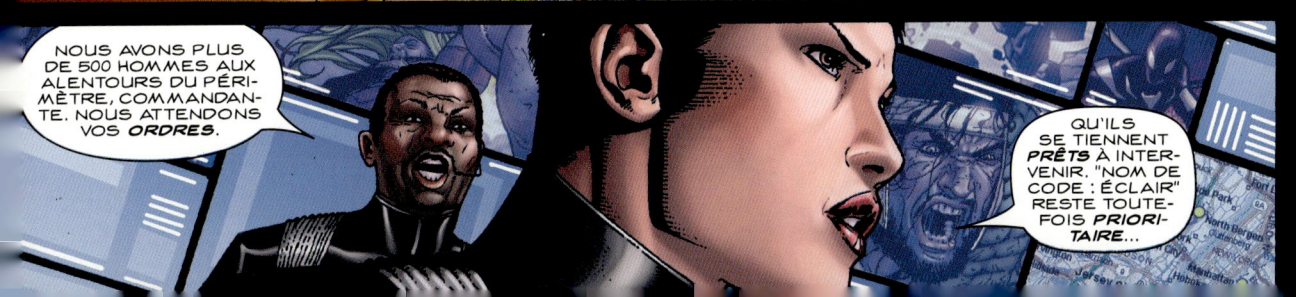

NOUS AVONS PLUS DE 500 HOMMES AUX ALENTOURS DU PÉRIMÈTRE, COMMANDANTE. NOUS ATTENDONS VOS ORDRES.

QU'ILS SE TIENNENT PRÊTS À INTERVENIR. "NOM DE CODE : ÉCLAIR" RESTE TOUTEFOIS PRIORITAIRE...

QU'EST-CE QUE...?

MON DIEU...

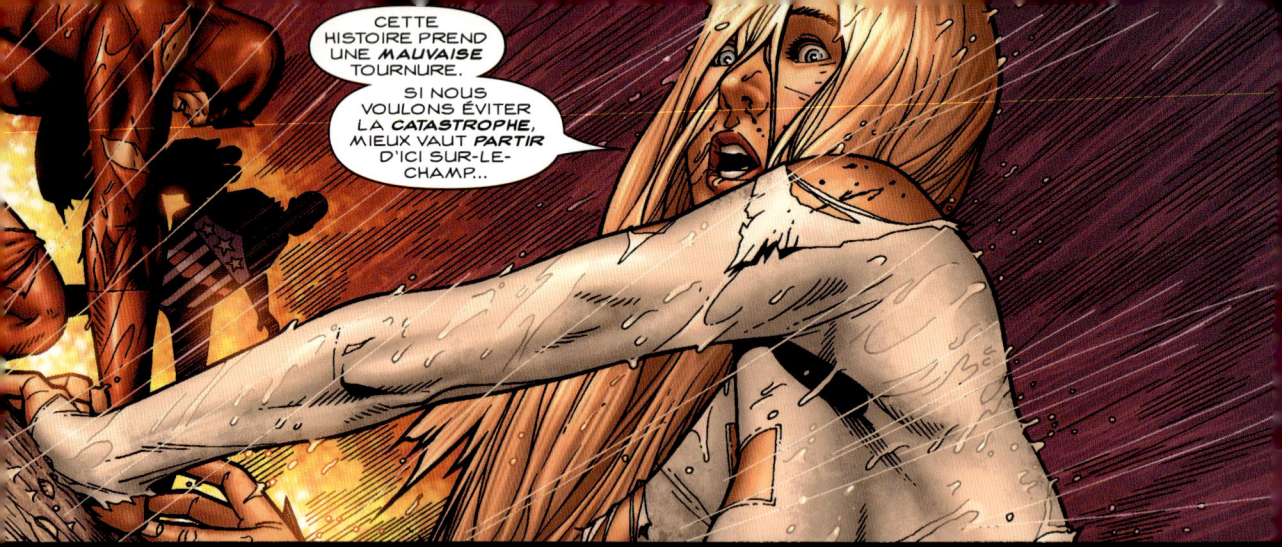

JE T'EN PRIE, CAP, RESTE À TERRE. JE NE VOUDRAIS PAS AVOIR À TE FRAPPER À NOUVEAU. TA MÂCHOIRE TIENT À PEINE EN PLACE.

SI TU TE **RENDS**, JE TE FERAI SOIGNER PAR LE **PERSONNEL MÉDICAL** DU S.H.I.E.L.D.

TU CROIS VRAIMENT QUE JE VAIS ME LAISSER BATTRE...

... PAR UN GUIGNOL COMME TOI ?

À TOUTES LES UNITÉS : ACTIVEZ VOS **AUDIO-BLOCKS**.

ÇA VA FAIRE MAL...

AAARGHH!

C'EST HORRIBLE. JE PEUX PAS VOIR ÇA...
MOI NON PLUS, JANE. MAIS AU MOINS, ÇA ÉVITE LES CHOCS FRONTAUX.
C'EST BON, THOR. UNE BRIGADE DU S.H.I.E.L.D. VA VENIR NETTOYER LE TERRAIN.
JE DOIS AVOUER QUE T'ES UN SACRÉ CLIENT ! CE TYPE DE FRÉQUENCE SONORE ÉBRANLERAIT LE CERVEAU DE N'IMPORTE QUEL ÊTRE HUMAIN. MAIS TOI, TU TROUVES TOUT DE MÊME LA FORCE DE TE RELEVER.
DÉSOLÉ, CAP. JE VAIS ESSAYER DE FAIRE VITE. FERME LES YEUX. QUAND TU LES ROUVRIRAS, TU SERAS DANS NOTRE ENCEINTE PÉNITENTIAIRE POUR SUPER-HÉROS.
ALARME DE L'ARMURE DÉCLENCHÉE.
QU...?
AGRESSION NON HUMAINE DÉTECTÉE..

QUELQU'UN A FAIT CESSER CE CALVAIRE SONORE !

QU'EST-CE QU'ON ATTEND ALORS ?

UNGH!

FAUCON ! FONCE VOIR CAPTAIN AMERICA ! FAUT QU'ON LE SORTE DE LÀ !

J'Y SUIS PRESQUE, HERCULE !

CABLE ! ÉTABLIS UN CONTACT TÉLÉPATHIQUE AVEC CAP ET ACTIVE SES FACULTÉS DE TÉLÉPORTATION.

LES AUTRES, TÂCHEZ DE VOUS REGROUPER : ON RENTRE À LA MAISON !

MON DIEU...

QUE TOUT LE MONDE *RECULE* ! SI ON NE QUITTE PAS LES LIEUX AU PLUS VITE, ON VA *TOUS* Y PASSER !

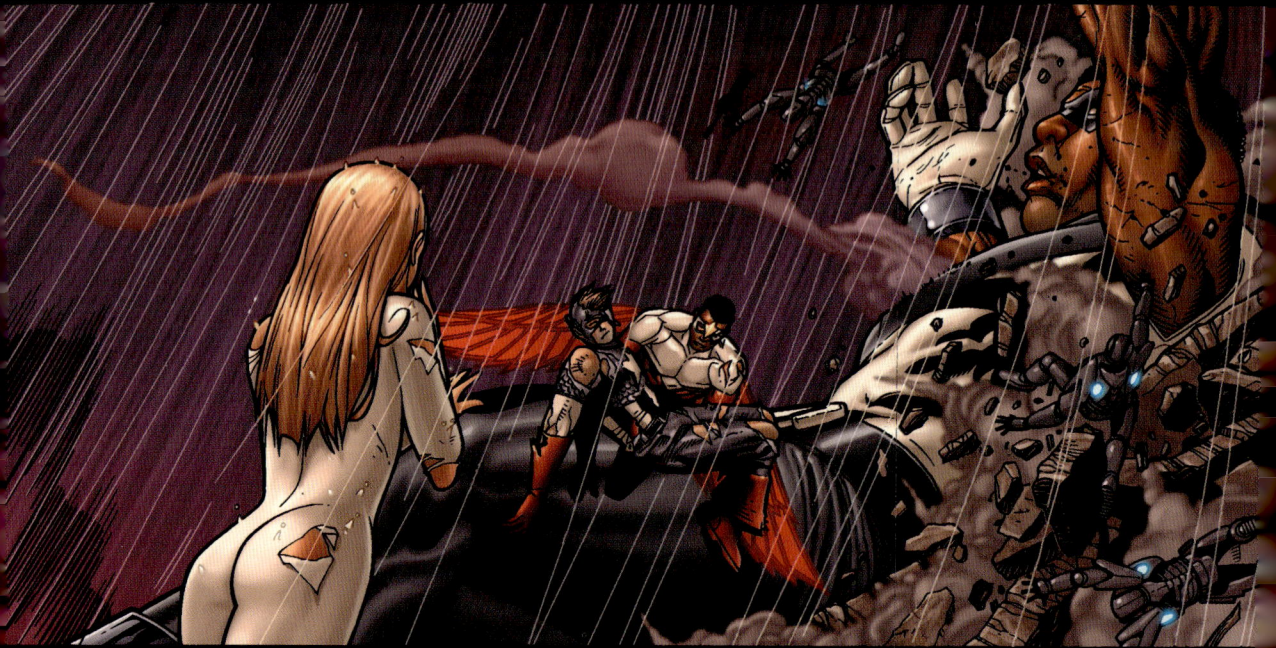

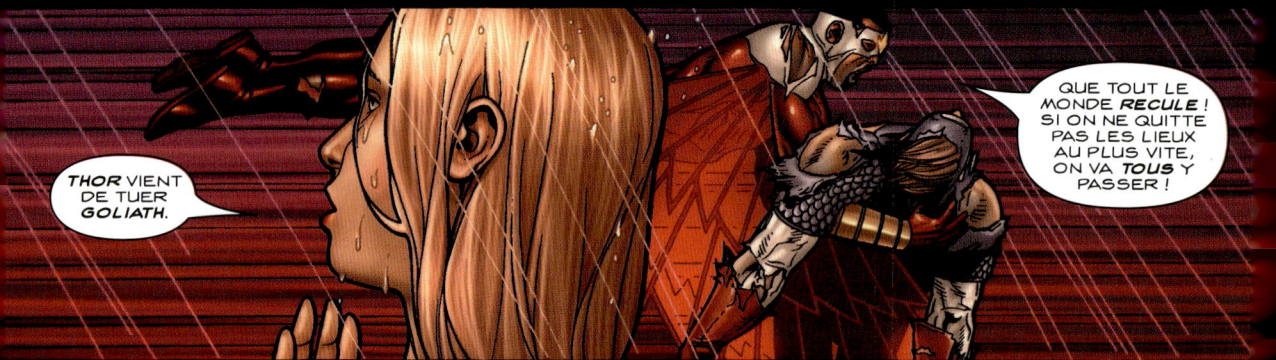

THOR VIENT DE TUER *GOLIATH*.

ALORS, VOUS ALLEZ TOUS Y PASSER.

QUOI ?

PARTEZ D'ICI. VITE !

QU'EST-CE QUE C'EST QUE CETTE *HISTOIRE*, RED ? T'ÉTAIS CENSÉ LUI AVOIR DONNÉ DES *DIRECTIVES* ! D'APRÈS TOI, CE TYPE ÉTAIT EXACTEMENT COMME L'ANCIEN THOR !

JE T'EN PRIE, JANE. CROIS-MOI, JE...

SI J'ÉTAIS TOI, JE LA METTRAIS EN *SOURDINE*, RED.

TU M'AS DIT QUE TU SAVAIS CE QUE TU *FAISAIS*, TONY...

QUE C'ÉTAIT LE MEILLEUR MOYEN DE NE PAS FAIRE DE *VICTIMES*...

TOUR DES VENGEURS :

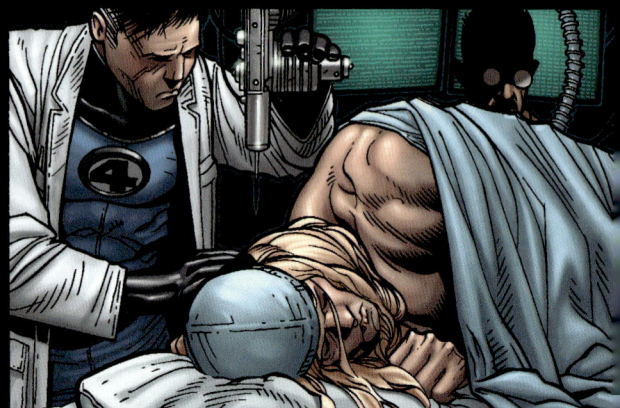

ÇA VA, HANK ?

NON, SPIDER-MAN. PAS VRAIMENT, NON. JE TE SIGNALE QU'UN NOUVEAU SUPER-HUMAIN *CRÉÉ* EN PARTIE PAR MES SOINS, VIENT DE TROUER LE CORPS D'UN DE MES PLUS *VIEUX AMIS*.

ME TROUVES-TU INSENSIBLE AU POINT DE CROIRE QU'UN TEL ÉVÉNEMENT NE ME FERAIT NI CHAUD NI FROID ?

DÉSOLÉE, PETER.

C'EST BON, JAN. ON A *TOUS* LES NERFS À FLEUR DE PEAU EN CE MOMENT. C'EST NORMAL. AUCUN D'ENTRE NOUS NE S'AT-TENDAIT À ÇA EN S'EN-GAGEANT DANS CETTE LUTTE.

DEMANDER UNE *AMNISTIE* ? AS-TU PERDU LA TÊTE, NIGHT-HAWK ?! PENDANT QUE LES PARTISANS DE TONY L'ABAN-DONNAIENT TOUS UN À UN, PAS MOINS DE VINGT NOUVELLES RECRUES SONT VENUES GROSSIR NOS RANGS.

À QUOI BON ? BILL EST MORT ET LA MOITIÉ DE NOTRE ÉQUIPE A ÉTÉ ENVOYÉE AU *COMPLEXE 42*... CET ÉNORME CENTRE DE DÉTENTION DU S.H.I.E.L.D. CONÇU PAR *RED RICHARDS*...

TU NE VAS TOUT DE MÊME PAS LES LAIS-SER S'EN *TIRER* À SI BON COMP-TE, KYLE ?

PERSONNE NE PEUT LES EMPÊ-CHER DE FAIRE QUOI QUE CE SOIT MAINTENANT QU'ILS ONT *THOR* À LEURS CÔTÉS.

TU PLAISANTES ?! CE N'ÉTAIT QU'UN MONSTRE CRÉÉ DE TOUTES PIÈCES POUR VENIR RENFORCER LEUR ARMÉE DE SUPER-HÉROS ! TU CROIS VRAIMENT QUE THOR AURAIT PU TUER *BILL FOSTER* ?

ARRÊTE DE BOUGER, STEVE. SINON, JANE ET MOI ALLONS Y PASSER DES HEURES.

ÉTANT DONNÉ LES CIRCONS-TANCES, CE SONT DE SACRÉES FUNÉRAILLES.

C'ÉTAIT UN SUPER-HÉROS, HAPPY. IL A SAUVÉ ÉNORMÉMENT DE VIES. CE N'EST PAS PARCE QUE LES CHOSES ONT MAL TOURNÉ QU'IL FAUT OUBLIER ÇA.

QUEL DOMMAGE TOUTEFOIS QU'ILS N'AIENT PU RÉTRÉCIR SON CORPS. SA FAMILLE A DÛ PAYER UNE FORTUNE POUR RÉSERVER UN TEL EMPLACEMENT FUNÉRAIRE.

C'EST MOI QUI AI TOUT PRIS EN CHARGE. C'ÉTAIT LA MOINDRE DES CHOSES...

POSSIBLE QUE JE ME TROMPE, MAIS PETER PARKER M'A L'AIR BIEN *MYSTÉRIEUX*...

Mon cher Red...

... Johnny est sorti de l'hôpital. Notre famille est enfin réunie. Je devrais donc avoir toutes les raisons d'être heureuse. Pourtant, je ne le suis pas.

J'ai HONTE de toi en ce moment. Mais j'ai aussi honte de soutenir tes projets fascistes. Je déteste la personne que je suis devenue. Par conséquent, j'ai décidé de rejoindre les VENGEURS SECRETS de Captain America.

Sache qu'il ne s'agit aucunement d'un nouvel appel au secours. Loin de moi également l'idée de te détourner de tes sacro-saints travaux.

Non, si j'ai pris cette décision, c'est parce que nos mains sont souillées par le SANG de Bill Foster et que tu es tellement aveuglé par tes graphiques et tes projections sociales que tu ne t'en es même pas rendu compte.

Johnny et moi-même travaillerons dorénavant dans la CLANDESTI-NITÉ, un cadre peu propice au développement de Franklin et Valeria.

C'est pourquoi je les laisse entre tes mains, en espérant du fond du cœur que tu leur accorderas PLUS de temps que tu ne leur as donné par le passé.

Je ne voulais pas non plus que ton dernier souvenir de moi ne soit trop terni par les nombreuses altercations que nous avons connues ces dernières semaines.

Red

D'où ce bon petit plat à base de poisson gras (très bon pour les facultés mentales), cette bouteille de Bordeaux dont tu es si friand (un excellent antioxy-dant), sans oublier la nuit d'amour qui a suivi (sans équivalent pour renforcer le système immunitaire).

J'espère que tu ne me considères pas comme une lâche, une épouse indigne ou pire encore, une mauvaise mère.

Crois-moi, je n'ai pas pris cette décision à la légère et je prie pour que ton génie nous permette de SORTIR de cette situation avant qu'un des deux camps ne soit massacré par l'autre.

TORCH

Je t'aime plus que tout au monde, Red.

Je compte sur toi pour résoudre ce problème.

Jane

COMBIEN DE PARTISANS AVONS-NOUS PERDUS ?

TROP. UN OU DEUX SYMPATHISANTS DE CAP PARLENT DE REJOINDRE NOS TROUPES, MAIS CE NE SERA PAS SUFFISANT POUR ÉQUILI-BRER LES FORCES. ILS SONT *CLAIREMENT* PLUS NOMBREUX QUE NOUS.

NOUS POUVONS TOUJOURS AVANCER L'APPLI-CATION DU *PROJET DES CINQUANTE ÉTATS*. CES *NOUVEAUX* HÉROS NOUS PERMETTRONT SÛREMENT DE REPRENDRE LE CONTRÔLE DE LA SITUATION, NON ?

SANS DOUTE, MAIS ILS NE SERONT PAS PRÊTS AVANT UN BON MOIS. NOUS DEVONS AGIR RAPIDEMENT ET RECRUTER DES INDIVIDUS EXPÉRI-MENTÉS DANS LA LUTTE CONTRE LES *SUPER-HUMAINS*...

TU VEUX PARLER DE CES *THUNDERBOLTS* "NOUVELLE GÉNÉRATION" QUE TU VIENS DE RÉUNIR ?

APRÈS CE QUI VIENT DE SE PASSER, C'EST LA *SEULE* SOLUTION À NOTRE DISPO-SITION, JAN.

J'INSISTE TOUTEFOIS SUR LE CARACTÈRE *TEMPORAIRE* DE LEUR INTERVENTION. UNE FOIS L'ÉQUIPE DE CAP CAPTURÉE, ILS RETOURNERONT *IMMÉDIATEMENT* DERRIÈRE LES BARREAUX.

ILS SERONT TOUS ÉQUIPÉS D'UNE PUCE SPÉ-CIFIQUE ET DE *NANOBOTS MICROSCOPIQUES* CHAR-GÉS DE SURVEILLER CHACUN DE LEURS MOUVEMENTS.

ON NE PEUT PAS DIRE QU'ILS AIENT L'AIR PARTICULIÈREMENT *EXCITÉS* À L'IDÉE DE S'ASSOCIER AVEC LES *VENGEURS*...

DISONS QU'ILS NE SONT PAS CONNUS POUR LEUR ALTRUIS-ME.

À TOUTES LES UNITÉS ! CONTINUEZ DE LES POURSUIVRE ! ILS SE DIRIGENT VERS LE CENTRE-VILLE, AU-DELÀ DE LA 40ÈME RUE. C'EST LE SECTEUR DE LA 9ÈME ET DE LA 10ÈME BRIGADE !

JANE ! RENDS-NOUS INVISIBLES ! VITE !

EH MERDE !

FORCE EST DE CONSTATER QUE PLACER DES AGENTS DU S.H.I.E.L.D. À CHAQUE COIN DE RUE A EU UN ÉNORME IMPACT SUR LA CRIMINALITÉ.

SI NOS HOMMES CONTINUENT AINSI, NOUS N'AURONS MÊME PLUS BESOIN DE CES NOUVEAUX THUNDERBOLTS.

HÉLIPORTEUR DU S.H.I.E.L.D.

9ÈME BRIGADE ? LA COMMANDANTE HILL VEUT SAVOIR CE QU'IL EN EST DE TORNA-DE ET RICHARDS. VOUS AVEZ COFFRÉ CES DEUX CLOWNS ?

DEUX MINUTES, CENTRA-LE.

ON PASSE EN VUE INFRA-ROUGE...

TOUR STARK :
NIGHTHAWK ! STATURE ! VOUS NE POUVEZ PAS SAVOIR COMME JE SUIS CONTENT QUE VOUS AYEZ REJOINT LE CAMP DES PRO-RECENSEMENT.
TOURNER LE DOS À CAPTAIN AMERICA N'A PAS DÛ ÊTRE FACILE.
C'ÉTAIT SANS DOUTE LA DÉCISION LA PLUS DURE QUE J'AI EUE À PRENDRE DE MA VIE, M. HOGAN.
J'IMAGINE. VOTRE TÊTE VOUS DIT DE SUIVRE TONY STARK, MAIS VOTRE CŒUR VOU-DRAIT QUE TOUT RESTE COMME AVANT.
SEULEMENT, NOUS NE VIVONS PLUS DANS LE MÊME MONDE. CE N'EST QU'À LA MORT DE GOLIATH QUE JE M'EN SUIS RENDU COMPTE.
ET VOUS, CASSIE ? ÊTES-VOUS CERTAINE DE VOULOIR ABANDONNER LE RESTE DES JEUNES VENGEURS ? C'EST UN GESTE FORT QUE VOUS FAITES LÀ...
LE PEUPLE RÉCLAME QUE NOUS SOYONS CORREC-TEMENT FORMÉS, M. HOGAN. NOUS NE SOMMES PLUS DANS LES ANNÉES 40. MOI, JE VEUX JUSTE ACCOMPLIR MON BOULOT AU MAXIMUM DE MES CAPACITÉS.
EXCELLENT. BIEN... JE VAIS VOUS ACCOMPAGNER EN BAS POUR UN PETIT ENTRETIEN PRÉALABLE. MAIS, TONY STARK TENAIT TOUT D'ABORD À VOUS SOUHAITER PERSONNELLEMENT LA BIENVENUE.
BIZARRE... D'HABITUDE, IL EST PLUTÔT PONCTUEL...

TU AS PERDU LA **TÊTE**, PETER ! POURQUOI NE DISCUTONS-NOUS PAS DE CELA CALMEMENT ENTRE ADULTES ?

PARCE QU'IL N'Y A **RIEN** À DISCUTER, TONY. JE QUITTE LES **VENGEURS**.

COLLABORER AVEC LE **S.H.I.E.L.D.** PASSE ENCORE ! MAIS EMPRISONNER NOS HÉROS DANS LA **ZONE NÉGATIVE** ? TUER **BILL FOSTER** À L'AIDE D'UN **CYBORG** ?

TU AS DÉPASSÉ LES **BORNES**, VIEUX !

DE QUOI TU PARLES ? THOR A BEAU AVOIR RÉAGI COMME UN AGENT DE POLICE, N'OUBLIE PAS QUE BILL FOSTER ÉTAIT **AUSSI** UN **AMI** À MOI.

TU CROIS FRANCHEMENT QUE NOUS LAISSERIONS UNE CHOSE PAREILLE SE REPRODUIRE ?

QUE SUGGÈRES-TU QUE NOUS FASSIONS DES SUPER-HÉROS NON RECENSÉS ? QUE NOUS LES ENFERMIONS AVEC DES DÉTENUS **NORMAUX** ?

CETTE SITUATION N'EST QUE **TEMPORAIRE**, PETER. SI NOUS LES ENVOYONS À RYKER'S, ILS SONT DEHORS EN **CINQ MINUTES**.

ATTENTION ! PARKER A ÉTÉ REPÉRÉ DANS LES ÉGOUTS ENTRE *LA 3ÈME ET LA 4ÈME RUE* ! NE TIREZ QU'EN DERNIER RECOURS.

BIEN COMPRIS, CENTRALE.

QU'EST-CE QUE...?

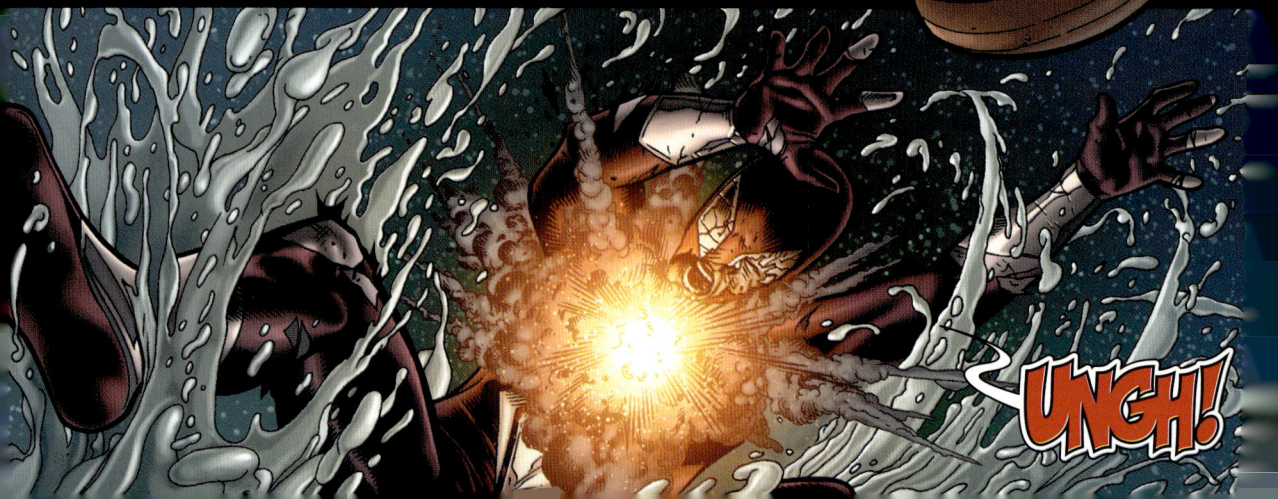

TU EN VEUX *ENCORE* ?

WHUNKH!

AU DÉBUT, NOUS N'ÉTIONS PAS VRAIMENT *ENCHANTÉS* DE TRAVAILLER DE FORCE POUR LE S.H.I.E.L.D...

MAIS, QUAND ON NOUS A DEMANDÉ DE FLANQUER UNE RACLÉE À *SPIDER-MAN*, NOUS N'AVONS PAS EU D'AUTRE CHOIX QUE D'OBÉIR À LEURS *ORDRES*...

JE VOULAIS SIMPLEMENT FAIRE LE BIEN...

... VOUS SAVIEZ QUE MA PETITE AMIE EST MORTE D'UNE *FRACTURE DE LA NUQUE* ?

PROFITONS-EN UN PEU TANT QU'IL EST ENCORE SOUS L'EFFET DE MA *GRENADE À GAZ*...

UN *GESTE* DE PLUS ET JE VOUS ENVOIE UNE DÉCHARGE DE *5000 VOLTS*, ESPÈCE D'ORDURES. VOUS NE PENSIEZ TOUT DE MÊME PAS QU'ON ALLAIT VOUS LAISSER SORTIR SANS *LAISSE* ?

LIGOTEZ-LE ET ATTENDEZ SAGEMENT L'ARRIVÉE DES RENFORTS.

RABAT-JOIE.

QU'EST-CE QUE...?!

NOUS AVONS PERDU TOUT CONTACT !

QUI...?

HÉ, MAIS... JE TE CONNAIS... CE *CRÂNE*...

ÇA FAIT UN *BAIL* QU'ON S'EST PAS VUS, HEIN ?

TU PENSES QU'ILS NOUS ONT VUS ?

ET ALORS ? NOUS NE SOMMES PLUS LA TORCHE ET L'INVISIBLE, MAIS MONSIEUR ET MADAME *RYAN LANDAU*, DEUX JEUNES GENS SORTIS FAIRE UN TOUR DANS LE QUARTIER.

ÇA M'ÉNERVE QUE NICK FURY N'AIT PAS PU NOUS TROUVER DES IDENTITÉS DE FRÈRE ET SŒUR. INCARNER TON ÉPOUSE ME MET MAL À L'AISE COMME JAMAIS.

ET MOI DONC ! J'AI L'IMPRESSION DE SORTIR AVEC LA *GRAND-MÈRE* DE MON EX...

TANT PIS. SI ÇA NOUS PERMET DE SECOURIR NOS AMIS...

NOUVEAU Q.G. DE CAPTAIN AMERICA :

PAS DE PANIQUE. CE N'EST QUE JOHNNY ET JANE, DE RETOUR DE *MISSION*.

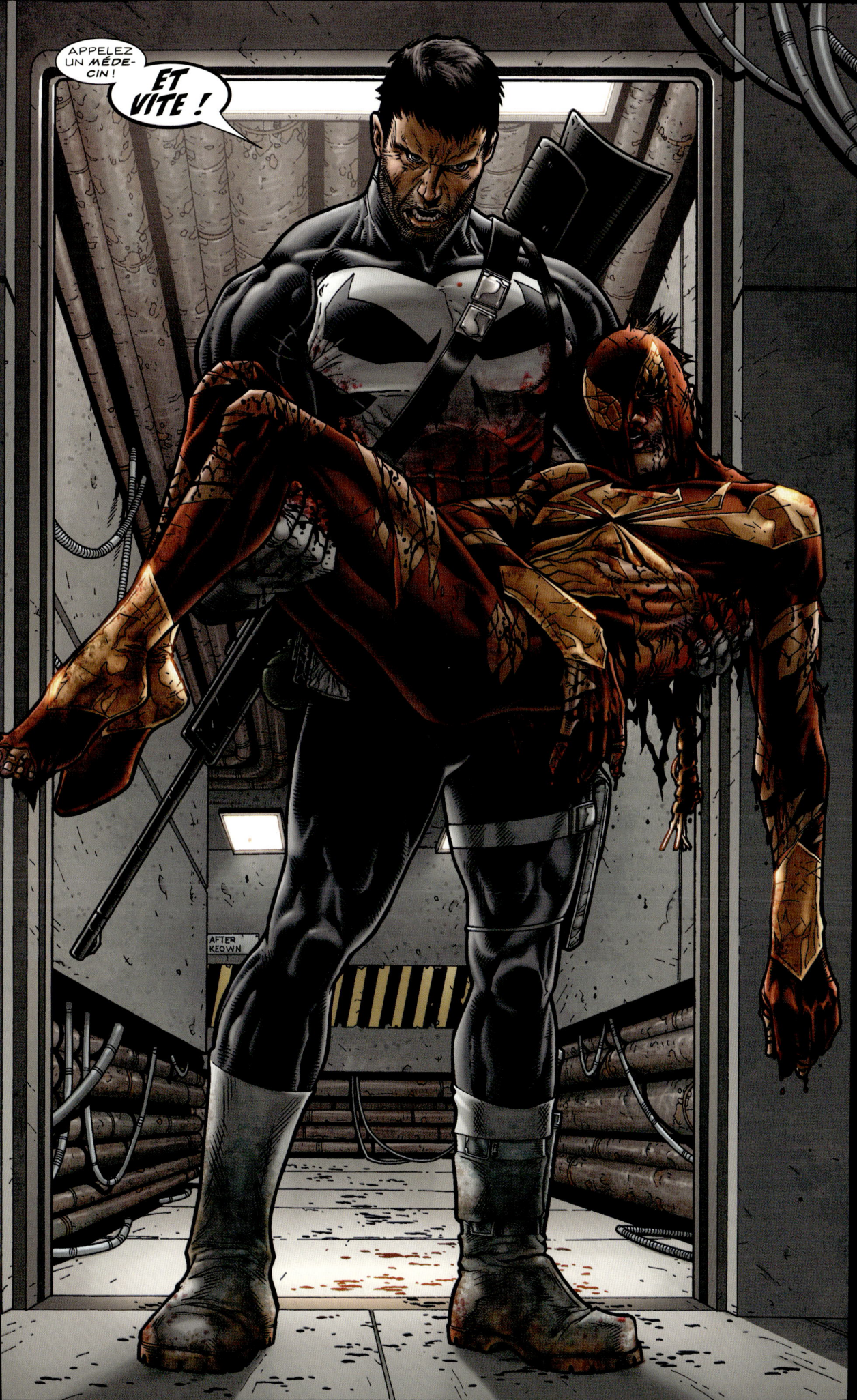

C'EST *TERRIBLE.*

LE *PEUPLE* EST DERRIÈRE NOUS, LE *GOUVERNEMENT* AUSSI ET LE TAUX DE CRIMINALITÉ N'A JAMAIS ÉTÉ AUSSI BAS ! POURQUOI FAUT-IL QUE LES PROBLÈMES VIENNENT DE NOS PROPRES *RANGS,* JENNIFER ?

PARFOIS, JE REGRETTE DE M'ÊTRE *INVESTI* DANS CE DÉBAT. TOUT AURAIT ÉTÉ BEAUCOUP PLUS SIMPLE SI NOUS N'AVIONS PAS UTILISÉ L'ADN DE THOR DANS LE *PROJET CYBERTECHNOLOGIQUE* DE HANK PYM.

SI NOUS N'AVIONS PAS ENVISAGÉ CETTE GRANDE BATAILLE FINALE AVEC CES DIABLES DE *THUNDERBOLTS.*

2 TO GO LIVE AT THE EXCELSIOR

HANK NE SERAIT PAS SOUS ANTIDÉPRESSEURS. JANE NE M'AURAIT PAS *QUITTÉ...*

POSSIBLE. MAIS L'OPINION PUBLIQUE AURAIT CONTRAINT LE S.H.I.E.L.D. À EMPRISONNER *TOUS LES SUPER-HÉROS DU PAYS.*

LES GENS EN ONT MARRE QUE DES ADOS DE SEIZE ANS FASSENT *SAUTER DES IMMEUBLES.*

C'EST GRÂCE À VOUS SI NOUS AVONS ENCORE UN *AVENIR.*

IL FAUT QUE TU COMPRENNES NOTRE DÉMARCHE, DAREDEVIL. NOUS NE PRENONS PAS PLAISIR À TRAQUER NOS *AMIS*.

NOUS SOUTENONS CETTE RÉFORME PARCE QUE C'EST ÇA OU *L'INTERDICTION COMPLÈTE D'EXERCER L'ACTIVITÉ DE SUPER-HÉROS*. QUI VOUDRAIT UNE CHOSE PAREILLE ?!

PORTAIL ACTIVÉ ! PASSAGE AUTORISÉ !

L'IDÉE EST DE CRÉER UNE SUPER-ÉQUIPE PAR ÉTAT AMÉRICAIN. CHACUNE D'ENTRE ELLES DEVRA RÉPONDRE DE SES ACTES DEVANT LE CONTRIBUABLE.

C'EST LA PROCHAINE ÉTAPE DE L'ÉVOLUTION DES SUPER-HUMAINS ; UNE *FORCE FÉDÉRALE PRÉSENTE DANS TOUT LE PAYS*.

LA ZONE NÉGATIVE :

ÇA FAIT DES MOIS QUE NOUS PRODUISONS DE NOUVEAUX SUPER-HÉROS ET REMETTONS AU GOÛT DU JOUR D'ANCIENNES GLOIRES DÉSIREUSES DE NOUS *REJOINDRE*.

SI TU ES INTÉRESSÉ, TU SERAIS ÉVIDEMMENT UN DE NOS PREMIERS CHOIX. TU AURAIS MÊME TA PROPRE ÉQUIPE.

ÇA POSE UN PROBLÈME SI ON LE NOMME HERCULE, ALORS QU'IL EN EXISTE *DÉJÀ* UN ?

LES DIVINITÉS GRECQUES NE SONT PAS PARTICULIÈREMENT *PROCÉDURIÈRES*, COMMAN- DANTE HILL. QUE DEVRAIS- JE DIRE, MOI, AVEC TOUS LES *GOLIATHS* QUI SE SONT SUCCÉDÉ...?

NOUS AVONS UN PROBLÈME AVEC POSÉIDON, DR PYM. UN DE NOS HOMMES A DÛ MAL L'ALIMENTER... IL A CHANGÉ DE COULEUR ! VOUS POUVEZ VENIR VOIR ?

BIEN SÛR. EXCUSEZ-MOI UN INSTANT, COMMAN-DANTE.

MADAME.

BAXTER BUILDING :

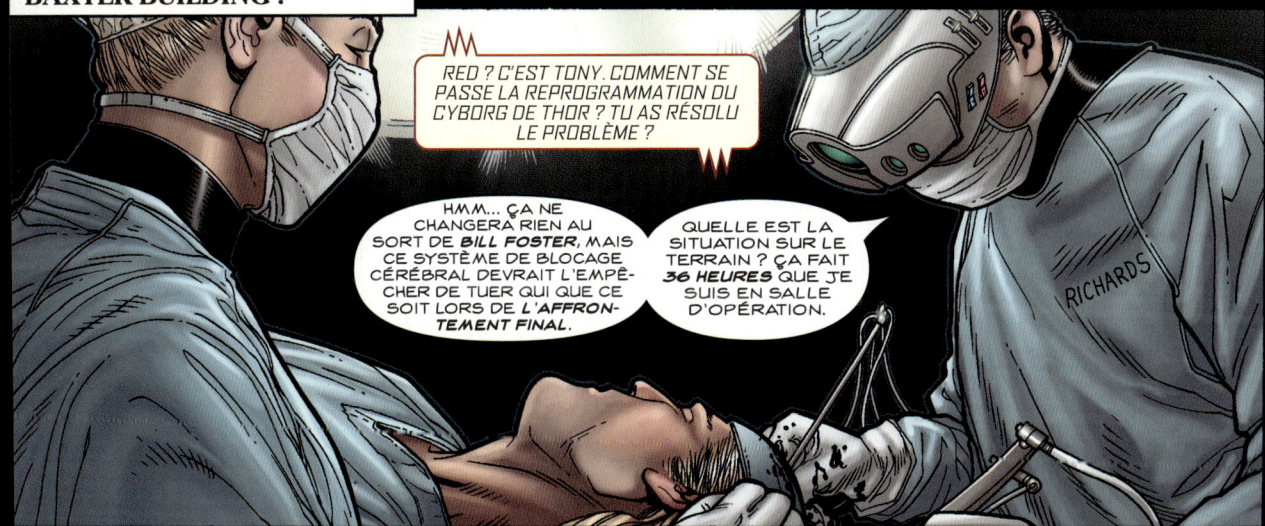

RED ? C'EST TONY. COMMENT SE PASSE LA REPROGRAMMATION DU CYBORG DE THOR ? TU AS RÉSOLU LE PROBLÈME ?

HMM... ÇA NE CHANGERA RIEN AU SORT DE *BILL FOSTER*, MAIS CE SYSTÈME DE BLOCAGE CÉRÉBRAL DEVRAIT L'EMPÊ-CHER DE TUER QUI QUE CE SOIT LORS DE *L'AFFRON-TEMENT FINAL*.

QUELLE EST LA SITUATION SUR LE TERRAIN ? ÇA FAIT *36 HEURES* QUE JE SUIS EN SALLE D'OPÉRATION.

RICHARDS

COMME TU L'AVAIS PRÉVU SUR TA PROJECTION : DEPUIS EISENHOWER, LE TAUX DE CRIMINALITÉ N'A JAMAIS ÉTÉ AUSSI BAS.

ON RISQUE DE S'ENNUYER FERME LORSQUE LES NOU-VEAUX HÉROS DÉBARQUE-RONT SUR LA SCÈNE.

TANT MIEUX, TONY. JE PRÉFÈRE QU'ON S'ENNUIE PLUTÔT QU'ON RETROUVE DES ENFANTS ENSEVELIS SOUS DES *DÉCOMBRES*.

COMMENT S'EST PASSÉE TA DISCUSSION AVEC LE PRÉSIDENT ?

JE LUI AI LU LE TEXTE DE LA LOI ANTIÉMEUTE ET JE LUI AI DIT QUE JE PARTICIPERAIS AU BOUQUET FINAL UNIQUEMENT SI J'AI LA GARANTIE QUE JANE ET JOHNNY NE SERONT PAS *ARRÊTÉS*.

QU'EST-CE QU'IL A RÉPONDU ?

IL NOUS ACCORDE *12* IMMUNITÉS. TOUS LES AUTRES SERONT AMENÉS DEVANT LE *JUGE*.

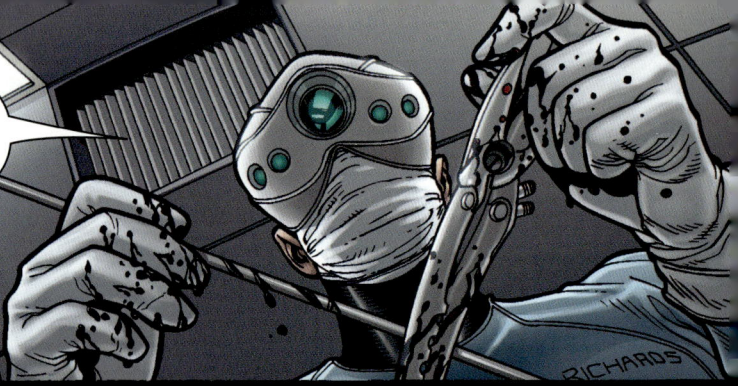

LAISSE-MOI PRENDRE LE RELAI. JE VAIS DÎNER AVEC LUI CE SOIR.

BAXTER BUILDING :

PUNISHER À CAPTAIN AMERICA : JE VIENS DE PASSER LE 38ème ÉTAGE ET TOUJOURS AUCUNE ALARME DE DÉCLENCHÉE.

PLUS QUE DEUX AVANT D'ARRIVER AU BUT, CAP.

FAIS GAFFE, CASTLE. SI TU EFFLEURES UN SEUL DE CES MACHINS, TU SERAS ATTAQUÉ COMME SI TU ÉTAIS UN PARASITE DANS UN ORGANISME.

D'APRÈS JANE, RED S'EST INSPIRÉ DE NOS *DÉFENSES IMMUNITAIRES* POUR CONCEVOIR SON SYSTÈME DE SÉCURITÉ.

DÉTENDS-TOI, CAP. TANT QUE JE PORTE CE *DISPOSITIF MASQUANT*, AUCUNE CAMÉRA OU RAYON INFRAROUGE NE PEUT ME DÉTECTER.

OÙ AS-TU TROUVÉ UN TEL MATÉRIEL ?

DISONS QUE LE DIRECTEUR DES STOCKS DE STARK DEVRAIT INVESTIR DANS DE *PLUS GROS VERROUS*.

ÇA Y EST. ME VOILÀ DANS LEUR *CENTRE DE DONNÉES*.

BIEN. RAMÈNE-MOI TOUT CE QUE TU PEUX DÉNICHER SUR LE COMPLEXE N°42, LA SUPER-PRISON DE LA ZONE NÉGATIVE OÙ ILS ONT ENFERMÉ NOS COMPAGNONS.

IL FAUT QUE JE SACHE QUELLE *DISTANCE* NOUS AURONS À ACCOMPLIR À L'INTÉRIEUR DE L'ENCEINTE AINSI QUE LE NOMBRE DE *POINTS D'ACCÈS* PRÉVUS. TU PENSES POUVOIR ME DIRE ÇA SANS *REFROIDIR* QUI QUE CE SOIT ?

TROP DRÔLE.

UH-OH.

QUOI ?

J'AI JAMAIS VU UN BÂTIMENT AUSSI PROTÉGÉ. C'EST PAS AVEC TON ÉQUIPE DE *BRAS CASSÉS* QU'ON VA RÉUSSIR À FAIRE ÉVADER TES POTES.

T'INQUIÈTE, CASTLE.

CONTENTE-TOI DE M'ENVOYER LES INFOS.

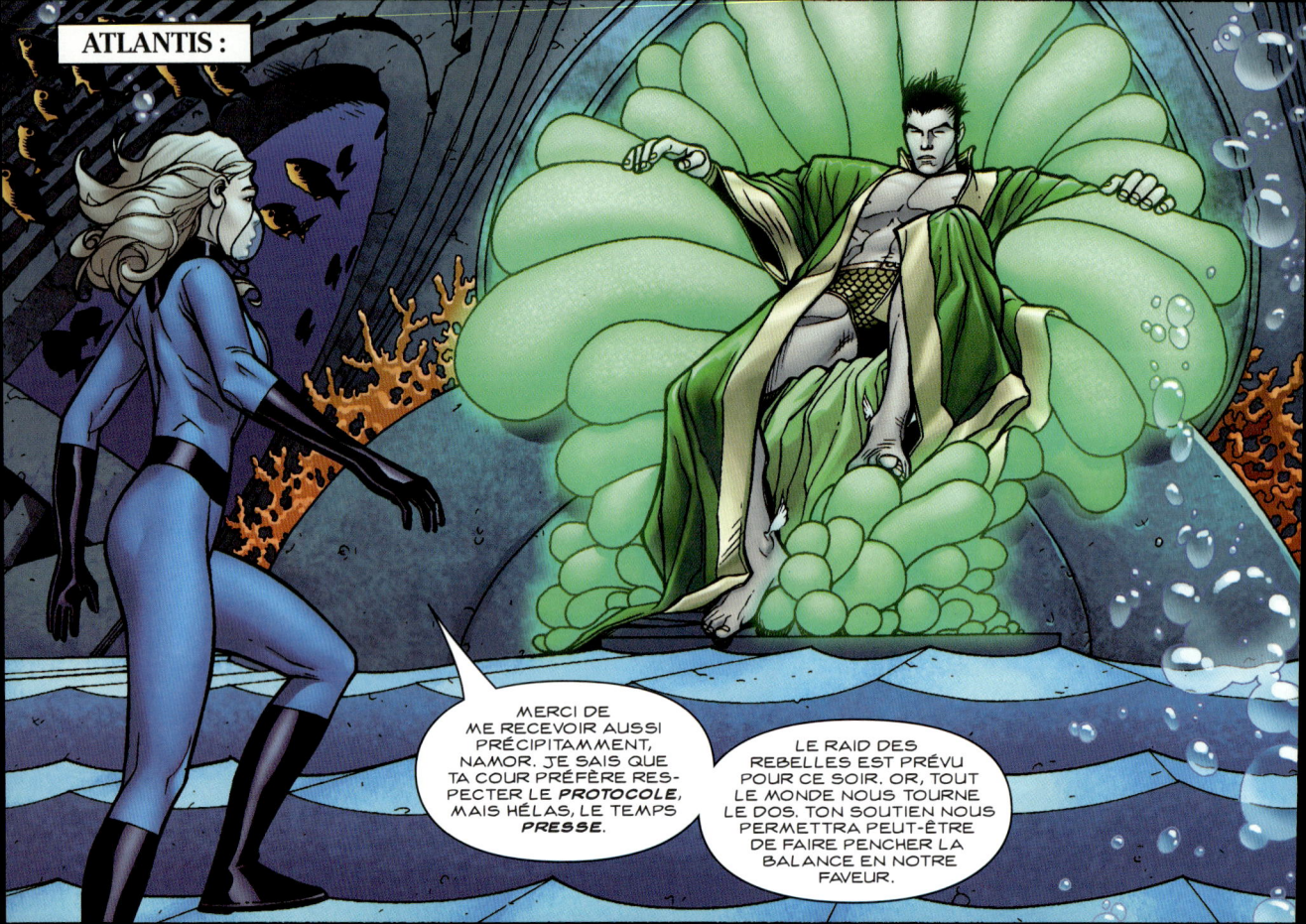

MERCI DE ME RECEVOIR AUSSI PRÉCIPITAMMENT, NAMOR. JE SAIS QUE TA COUR PRÉFÈRE RESPECTER LE *PROTOCOLE*, MAIS HÉLAS, LE TEMPS *PRESSE*.

LE RAID DES REBELLES EST PRÉVU POUR CE SOIR. OR, TOUT LE MONDE NOUS TOURNE LE DOS. TON SOUTIEN NOUS PERMETTRA PEUT-ÊTRE DE FAIRE PENCHER LA BALANCE EN NOTRE FAVEUR.

VOTRE MAJESTÉ.

PAR-DON ?

C'EST BIEN LE TERME APPROPRIÉ LORSQU'ON S'ADRESSE À UN *DIGNITAIRE* ÉTRANGER, NON ?

C'EST PAS LE MOMENT, NAMOR. NOUS SOMMES AU PLUS MAL. TOUS LES SUPER-HUMAINS SONT CONTRAINTS D'OBÉIR À LEURS ORDRES SOUS PEINE D'ÊTRE *EMPRISONNÉS*.

ILS VONT MÊME JUSQU'À ENRÔLER DES *SUPER-VILAINS*. TU IMAGINES UN PEU ?

LA BELLE AFFAIRE ! JE SUIS AUSSI INTÉRESSÉ PAR VOS LUTTES DE POUVOIR À LA SURFACE QUE TU NE L'ES PAR LES PROFONDEURS.
DE CE FIASCO JE N'AI RETENU QUE LA MORT DE MA COUSINE NAMORITA. OR, SON MEURTRIER A ÉTÉ PUNI EN PRIVÉ.
MAIS CAP EST L'UN DE TES PLUS VIEUX AMIS. PERSONNE NE LE CONNAÎT DEPUIS PLUS LONGTEMPS QUE TOI.
ET OÙ EST CET AMI À PRÉSENT ? TROP OCCUPÉ À FORMER UNE ALLIANCE AVEC LES X-MEN OU STEPHEN STRANGE, IL PRÉFÈRE T'ENVOYER À SA PLACE POUR ME FAIRE LES YEUX DOUX !
DIS À TON NOUVEAU MAÎTRE QUE JE N'AI AUCUNEMENT L'INTENTION D'AIDER QUELQU'UN QUI CHERCHERAIT À TIRER PROFIT DE NOTRE RELATION PRIVILÉGIÉE.
DE QUOI PARLES-TU ? IL N'Y A RIEN ENTRE NOUS.
JE PERÇOIS LE BATTEMENT DE TON CŒUR, JANE...
... ET CONTRAIREMENT À TES LÈVRES, IL NE MENT PAS, LUI.

DONNE-MOI DES **NOMS**, FAUCON.

NAMOR A REFUSÉ, WOLVERINE PRÉFÈRE NE PAS CONTRARIER LES X-MEN ET DR STRANGE EST TOUJOURS **INJOIGNABLE**, CAP.

EN REVANCHE, LA PANTÈRE NOIRE A ÉTÉ TRÈS PERTURBÉ PAR CE QUI EST ARRIVÉ À **BILL FOSTER** ET M'A ASSURÉ DE SON **SOUTIEN** AINSI QUE DE CELUI DE TORNADE.

ÇA VA **MIEUX**, SPIDER-MAN ? COMMENT TU TE SENS ?

PAS TROP MAL, CAGE. ENCORE UN PEU SONNÉ PAR LA GRENADE HALLUCINOGÈNE DE JACK O'LANTERN, MAIS JE DOIS AVOUER QUE ÇA ME FAIT DU **BIEN** DE RETROUVER MON ANCIEN COSTUME.

ÇA ME RASSURE AUSSI, VIEUX. C'EST UN PEU COMME SI LA SITUATION ÉTAIT REDEVENUE NORMALE. TU VOIS CE QUE JE VEUX DIRE.

VOUS VOULEZ QUE JE VOUS RÉSERVE UNE CHAMBRE ?

OH ! MONSIEUR EST **JALOUX** ?

VOUS AVEZ DEVANT VOUS UNE REPRÉSENTATION EN 3D FAITE À PARTIR DES PLANS DE LA PRISON DE LA ZONE NÉGATIVE QUE LE PUNISHER A RÉCUPÉRÉS.
RÉSERVÉE AUX SUPER-VILAINS LES PLUS DANGEREUX, ELLE ACCUEILLE AUSSI LES SUPER-HÉROS REBELLES.
STARK, PYM ET RICHARDS ENVISAGENT DE PLACER DES HÉROS À LEUR SERVICE DANS CHAQUE ÉTAT AINSI QUE CINQUANTE PORTAILS RELIANT LES PÉNITENCIERS LOCAUX À CETTE GIGANTESQUE SUPER-PRISON.
À CE JOUR, SEULS DEUX DE CES PORTAILS ONT ÉTÉ ACHEVÉS. NOUS AVONS OBTENU LES CODES CONCERNANT CELLES DE RYKER'S ISLAND.
MAIS NOUS DEVONS FAIRE VITE. D'APRÈS NOS INFORMATIONS, ILS COMPTENT LANCER UNE GRANDE OFFENSIVE EN PARTENARIAT AVEC LE S.H.I.E.L.D. ET LES THUNDERBOLTS. CONCLUSION : C'EST CE SOIR OU ***JAMAIS***.
SPIDER-MAN, NOUS SAVONS QUE TU N'ES PAS AU MIEUX DE TA FORME. PERSONNE NE T'EN VOUDRA SI TU NE VIENS PAS AVEC NOUS.
PAS QUESTION, CAP. J'AI BEAUCOUP DE CHOSES À ME FAIRE PARDONNER CES DERNIERS TEMPS.
ET EN PLUS, VU NOS EFFECTIFS, JE NE SERAI PAS DE TROP.

À VRAI DIRE, NOUS SERONS PLUS QUE *PRÉVU*. JE LAISSE LA PAROLE À GOLDBUG ET AU PILLARD.

QUOI ?

QU'EST-CE QUE TOUT ÇA SIGNIFIE, DIAMONDBACK ?

VOUS N'ÊTES PAS LES SEULS À VOUS INQUIÉTER DE L'AVÈNEMENT D'UNE SUPER-POLICE. LES PROJETS DE STARK EFFRAYENT LA COMMUNAUTÉ DES SUPER-CRIMINELS PLUS QUE *QUICONQUE*.

NOUS SOMMES DONC VENUS VOUS PROPOSER NOTRE AIDE. APRÈS TOUT, IRON MAN COMPTE BIEN DES SUPER-VILAINS À SES CÔTÉS, NON ? QU'EN DITES-VOUS ?

QUOI ?

STAMFORD, CONNECTICUT :

J'ESPÈRE QUE LE PARC QUE NOUS AVONS CONSTRUIT *À LA MÉMOIRE DES ENFANTS* VOUS PLAÎT, MIRIAM.

IL EST MAGNIFIQUE, TONY. QUELLE JOIE DE POUVOIR VENIR NOUS ASSEOIR ICI... QUAND LA *SOLITUDE* NOUS PÈSE.

MERCI POUR TOUT. PAS SEULEMENT POUR L'ARGENT. MAIS AUSSI POUR AVOIR PERMIS À MA *GRANDE IDÉE* DE SE CONCRÉTISER.

JE *SAIS* COMBIEN ÇA VOUS A COÛTÉ SUR LE PLAN PERSONNEL. *JAMAIS* JE NE VOUS AURAIS DEMANDÉ ÇA SI J'AVAIS SU QUE VOTRE VIE ALLAIT ÊTRE BOULEVERSÉE À CE POINT.

NOUS SAVIONS TRÈS BIEN CE QUI NOUS ATTENDAIT, MIRIAM. SI LA *SÉCURITÉ* DES CIVILS DOIT PASSER PAR LÀ, JE VEUX BIEN ME FAIRE DE NOUVEAUX ENNEMIS.

SANCTUAIRE DU DR STRANGE, PÔLE NORD :

DEPUIS QUAND NE T'ES-TU PAS ALIMENTÉ, STEPHEN STRANGE ?

DEPUIS QUE LA GUERRE CIVILE A COMMENCÉ, UATU.

N'ES-TU PAS TENTÉ D'Y METTRE *FIN* ? TU ES ASSEZ *PUISSANT* POUR TRANCHER CETTE DISPUTE D'UN SEUL *GESTE* DE LA MAIN.

C'EST BIEN POUR ÇA QUE JE REFUSE DE M'EN MÊLER.

PERSONNE N'A RAISON OU TORT DANS CETTE HISTOIRE. TOUT EST UNE QUESTION DE *POINT DE VUE*. QUI SUIS-JE POUR INFLUER SUR L'ÉVOLUTION DU *RÔLE DE SUPER-HÉROS* ?

EN TANT QUE GARDIEN, JE SUIS *PLUS* HABITUÉ À CE GENRE DE DILEMMES.

MAIS DIS-MOI, POURQUOI JEÛNER SI TU N'AS PAS CHOISI DE CAMP ? QU'ESPÈRES-TU AU JUSTE ?

QUE *L'HUMANITÉ* SORTE VAINQUEUR DE CE CONFLIT...

... ET QU'IL N'Y AIT PAS TROP DE SANG VERSÉ *CE SOIR*.

ÉTABLISSEMENT CARCÉRAL DE RYKER'S ISLAND :

TIENS DONC...

TE VOILÀ TOMBÉ DANS UN NOUVEAU PIÈGE, CAP. TU FAIS FACE AUX **HÉROS** ET AUX **CRIMINELS** LES PLUS PUISSANTS DE LA PLANÈTE.
UNE DE NOS TAUPES EST PARMI VOUS DEPUIS PLUS D'UNE SEMAINE. NOUS SOMMES DIX FOIS PLUS NOMBREUX QUE VOUS. TU NE PENSES PAS QU'IL EST TEMPS D'ABANDONNER ?
PAS VRAIMENT. SI C'EST DE **TIGRA** DONT TU PARLES, TU NE NOUS APPRENDS **RIEN**, IRON MAN.
QUOI ?
TU N'ES PAS LE SEUL À COMPTER UN ESPION DANS TON ÉQUIPE.
MAIS... IL N'Y A QUE **HANK**, **RED** ET MOI QUI ÉTIONS AU COURANT POUR **TIGRA**.
DÉSOLÉ, TONY.
HANK ? C'EST PAS POSSIBLE ! C'EST TOI QUI CROYAIS LE PLUS DANS CE PROJET...

LE DR PYM N'EST PAS PRÊT DE SE RÉVEILLER. JE L'AI ASSOMMÉ DANS **L'ARIZONA** PAS PLUS TARD QUE CE MATIN.
MOI, C'EST **HULKLING**, LE MEMBRE **PROTÉIFORME** DES JEUNES VENGEURS.
OH, MON DIEU...
S'IL EST CAPABLE D'IMITER LA VOIX ET L'EMPREINTE RÉTINIENNE DE HANK, IL A DONC EU ACCÈS À T...
LES CELLULES.
VOILÀ QUI DEVRAIT ***ÉQUILIBRER*** LES CHOSES...

FERMEZ LES YEUX À PRÉSENT, MESSIEURS.

ÇA VA FAIRE MAL.

VENGEURS, RASSEMBLEMENT !

IL CRAQUE ! JE CROYAIS QUE C'ÉTAIT NOUS LES VENGEURS.

UGH!

BON SANG, DÉPÊCHE-TOI !

ÇA Y EST ! LE PORTAIL DE RYKER'S SE REFERMERA DANS CINQ SECONDES...

QUE TOUS CEUX QUI VOLENT ATTRAPENT LES AUTRES ! **VITE !**

ÇA, C'EST POUR AVOIR RUINÉ NOS PLANS !

IRON MAN À TOUTES LES UNITÉS : ÉVACUEZ LE SECTEUR ET LIMITEZ LA BATAILLE AU CENTRE-VILLE ! JE NE VEUX AUCUN DOMMAGE COLLATÉRAL ! EST-CE BIEN CLAIR ?!

TU ME PRENDS POUR QUI, PETIT ?

UNGH !

PAR ICI, TOUT LE MONDE ! RESTEZ CALMES ! PRENEZ VOTRE TEMPS ET TOUT IRA BIEN !

COMME NOUS NOUS RETROUVONS... ESPÉRONS QUE TU EN SORTES MOINS MEURTRI CETTE FOIS, CAP.

VOIS-TU... LES CHOSES ONT *LÉGÈREMENT* ÉVOLUÉ DEPUIS...

VISION...

AAAGGHH!

L'ARMURE D'IRON MAN EST *HORS SERVICE*, CAPTAIN.

OH !
OH... ÇA VA
MAL FINIR.

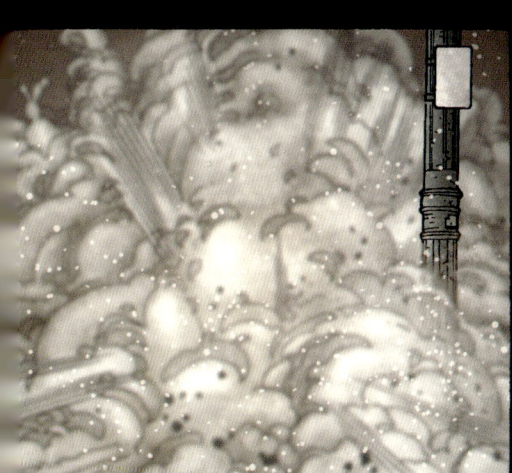

COMMENT
OSES-TU
INCARNER LE
FILS D'ODIN ? JE
CONNAISSAIS
THOR... C'ÉTAIT
MON *AMI*...

ET TU SAIS QUOI,
IMPOSTEUR ?

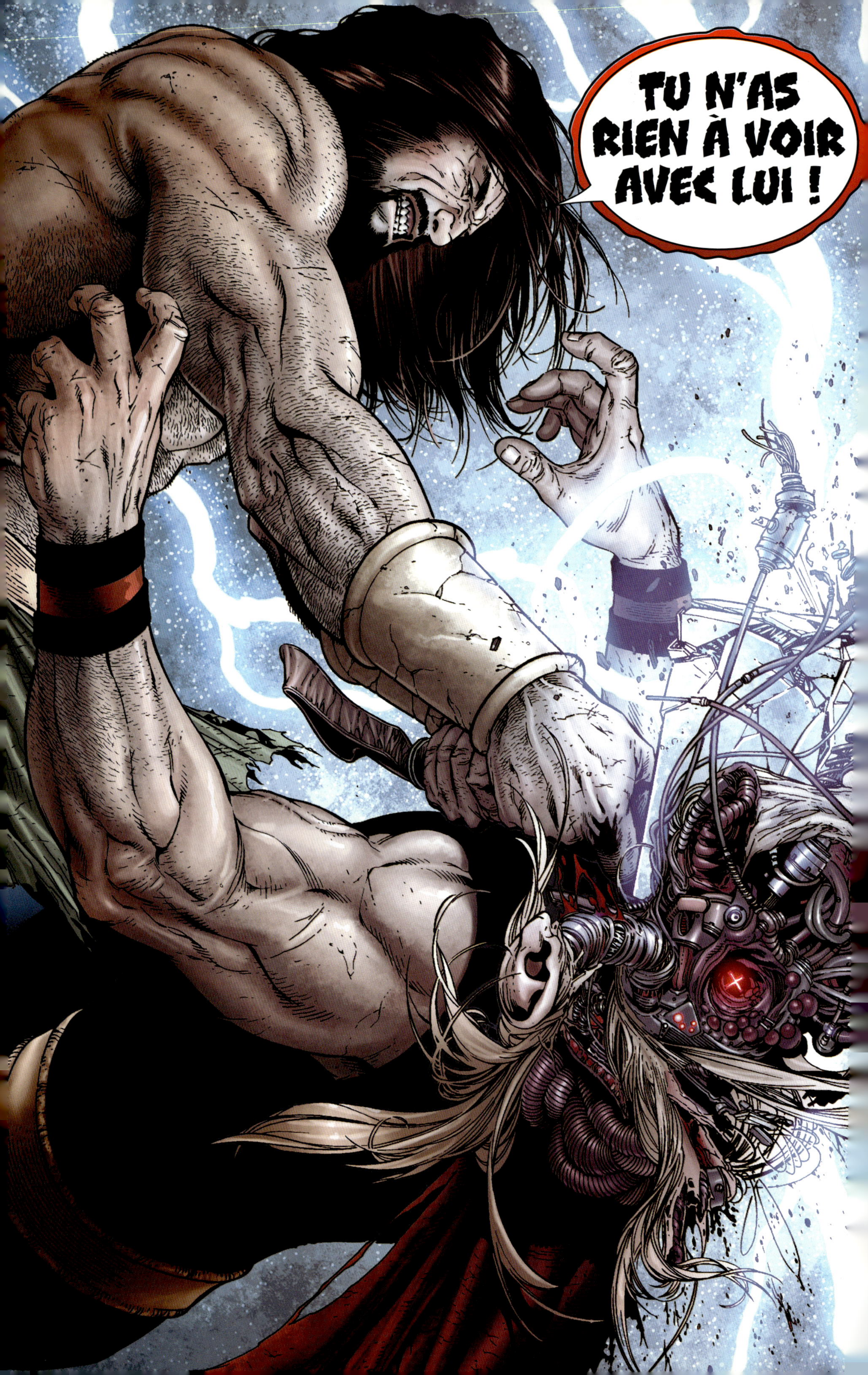
TU N'AS RIEN À VOIR AVEC LUI !

MA TRÈS CHÈRE JANE,

EXCUSE MON ÉCRITURE TREMBLOTANTE. TU SAIS COMME IL EST DIFFICILE POUR MOI DE TE DIRE CE QUE J'ÉPROUVE SUR PAPIER À LA VITESSE OÙ LES PENSÉES DÉFILENT DANS MON ESPRIT.

DEUX SEMAINES SE SONT ÉCOULÉES DEPUIS CETTE TERRIBLE BATAILLE ET JE ME RÉJOUIS QUE TU AIES ACCEPTÉ L'AMNISTIE GÉNÉRALISÉE OFFERTE AUX HÉROS SUITE À LA **CAPITULATION** DE CAPTAIN AMERICA.

JE T'AI APERÇUE DURANT LE DÉBLAYAGE. MAIS DE PEUR QUE NOS GLANDES SURRÉNALES NE PERTURBENT NOTRE SÉRÉNITÉ CONJUGALE, J'AI PRÉFÉRÉ NE PAS DISCUTER DE NOTRE AVENIR SUR PLACE.

TU DÉBORDAIS D'ÉNERGIE, D'INTELLIGENCE ET DE BEAUTÉ. J'EN AI PLEURÉ 93 MINUTES NON-STOP EN RENTRANT À LA MAISON CE SOIR-LÀ.

DEPUIS, TU AS SÛREMENT ASSISTÉ AU LANCEMENT DE L'INITIATIVE.

AU MOINS UNE SUPER-ÉQUIPE PAR ÉTAT.

JE TE LAISSE IMAGINER LA PRESSION SUR NOS ÉPAULES...

... ENTRE LES NOUVEAUX HÉROS À CRÉER...

... ET LES ANCIENS À REMETTRE AU GOÛT DU JOUR, PAS FACILE DE CONSTRUIRE LA SUPER-PUISSANCE DU XXIe SIÈCLE.

MÊME L'ANNONCE DE NOTRE PRISON CONTROVER-SÉE DE LA ZONE NÉGATIVE A ÉTÉ BIEN ACCUEILLIE.

QUAND J'Y PENSE, LE MONDE DEVAIT ÊTRE BIEN *EFFRAYANT* AVEC TOUS CES JUSTICIERS ET CES SUPER-VILAINS ENFERMÉS DANS DES CELLULES *INADAPTÉES*.

QUANT À *NOUS*, JE ME DEMANDE COMMENT LES GENS ONT PU NOUS *TOLÉ-RER* AUSSI LONGTEMPS.

TOUTEFOIS, JE MENTIRAIS SI JE DISAIS QUE NOS *DÉCISIONS* N'AVAIENT FAIT *QUE* DES HEUREUX.

CERTAINS ONT REJOINT LE CANADA DANS L'ESPOIR DE RENOUER AVEC LE *PASSÉ*...

... D'AUTRES ONT CHOISI DE CONTINUER À COMBATTRE DANS LA *CLANDESTINITÉ*.

COOL, TON COSTUME, MEC.

MERCI.

SANS PARLER DE *CAPTAIN AMERICA*...

MAIS DE MANIÈRE GÉNÉRALE, L'OPÉRATION A ÉTÉ UN SUCCÈS. NOUS AVONS SU REBONDIR APRÈS CE QUE CERTAINS CONSIDÈRENT COMME LA PÉRIODE LA PLUS SOMBRE DE NOTRE HISTOIRE.

HANK PYM : L'HOMME DE L'ANNÉE

NOTRE COLLABORATION AVEC LE GOUVERNEMENT A TRÈS VITE DÉPASSÉ LE CADRE DE LA SÉCURITÉ INTÉRIEURE POUR EMPIÉTER SUR CELUI DE L'ÉCOLOGIE ET DE LA PAUVRETÉ DANS LE MONDE...

... SURTOUT GRÂCE À TONY.

SACRÉ POSTE QUE LUI A CONFIÉ LE PRÉSIDENT !

MAIS DEPUIS TON DÉPART, JE N'AI QUE FAIRE DES INDICES DE POPULARITÉ ET DES IDÉAUX UTOPIQUES.

JE TE LE PROMETS, MON AMOUR : FINIS LES PIÈGES, LES CLONES ET AUTRES CRÈVE-CŒURS PLACÉS SUR LA VOIE DE LA RESPECTABILITÉ QUE NOUS AVONS DÛ EMPRUNTER.

QUELS QUE SOIENT NOS EFFORTS, CETTE NOUVELLE AMÉRIQUE NE SERA JAMAIS UN PARADIS SANS TA PRÉSENCE À MES CÔTÉS.

TU ES LE POUMON DE NOTRE FAMILLE. JE T'EN PRIE, REVIENS PARMI NOUS.

HÉLIPORTEUR DU S.H.I.E.L.D.

25 000 PIEDS AU-DESSUS DE NEW YORK :

DIRECTEUR DU S.H.I.E.L.D. ?

ET POURQUOI PAS, MME SHARPE ? VU MES RELATIONS AU SEIN DU GOUVERNEMENT ET DE LA COMMUNAUTÉ DES SUPER-HÉROS, LA DÉCISION EST PLUTÔT LOGIQUE EN L'ABSENCE DE NICK FURY.

EUH, *MME LA SOUS-DIRECTRICE* ? POURRIONS-NOUS AVOIR DEUX GRANDS CRÈMES AVEC BEAUCOUP DE SUCRE, S'IL VOUS PLAÎT ?

APRÈS AVOIR GAGNÉ LA *GUERRE*, IL EST DE NOTRE DEVOIR DE MAINTENIR LA *PAIX*. JE VEUX QUE NOS NOUVELLES MÉTHODES DE TRAVAIL SUSCITENT UN VÉRITABLE *ENTHOUSIASME* POPULAIRE.

L'ÉTAT DU COLORADO SOUHAITE FAIRE DES *THUNDERBOLTS* LEUR ÉQUIPE OFFICIELLE ! VOUS VOUS RENDEZ COMPTE ?!

AMPUTÉ D'UN OU DEUX CINGLÉS, SI JE NE M'ABUSE...

QU'IMPORTE. ÇA RESTE UN GESTE IMPORTANT. DÉJÀ À L'ÉPOQUE DES *PREMIERS VENGEURS*, NOUS AVIONS À CŒUR DE REDONNER UNE CHANCE AUX ANCIENS DÉTENUS.

SAVEZ-VOUS POURQUOI NOTRE PRISON PORTE LE NUMÉRO 42 ?

NON.

PARCE QUE C'EST LA 42ÈME PROPOSITION D'UNE LISTE DE CENT, ÉTABLIE PAR RED, HANK ET MOI-MÊME LE JOUR OÙ VOTRE FILS A ÉTÉ TUÉ.

CENT IDÉES POUR UN MONDE PLUS SÛR. ET NOUS N'EN SOMMES MÊME PAS À LA 50ÈME. EXCITANT, NON ?

RESTRUCTURER LE S.H.I.E.L.D. EST LA 43ÈME.

CROYEZ-MOI, MADAME : LA COMMU-NAUTÉ DES SUPER-HÉROS NE POUVAIT RÊVER D'UN MEILLEUR AMI QUE MOI.

LA LISTE DES IDENTITÉS SECRÈTES EST ENTRE DE BONNES MAINS.

VOUS ÊTES UN HOMME BIEN, M. STARK. LE RISQUE ÉTAIT *GRAND*, MAIS AU FINAL JE PENSE SINCÈREMENT QUE LES GENS PEUVENT DE NOUVEAU *CROIRE* EN LEURS HÉROS.

ET ENCORE... LE MEILLEUR EST À VENIR.

"VOUS AVEZ MA PAROLE."

FIN

CONCENTRE-TOI.

PENSE À **AUTRE** CHOSE.

N'IMPORTE QUOI.

ÇA A **TOUJOURS** FONCTIONNÉ.

DESSINE.

CONCENTRE-TOI SUR LA FEUILLE BLANCHE ET DESSINE.

EXPRIME-TOI.

À UNE ÉPOQUE, TU FAISAIS ÇA SI BIEN QUE ÇA PAYAIT LE LOYER.

ARRÊTE DE PENSER À QUOI QUE CE SOIT D'AUTRE.

ARRÊTE DE PENSER À L'ENFER QU'EST DEVENUE TA VIE, AU FAIT QUE TU NE PEUX PAS RENTRER CHEZ TOI...

NI CHEZ LES VENGEURS...

ARRÊTE DE PENSER AU FAIT QUE TU NE PEUX PLUS AVOIR CONFIANCE EN PERSONNE.

ET QUE TOUTES LES FORCES DE L'ORDRE DU PAYS VEULENT TA PEAU.

ARRÊTE DE PENSER AU FAIT QUE LE MONDE S'EST RETOURNÉ CONTRE TOI, ET QUE **L'IRONIE** EST QUE TU NE DEVRAIS **MÊME PAS ÊTRE LÀ**.

TU AURAIS **DÛ** MOURIR IL Y A SOIXANTE ANS.

ILS AURAIENT DÛ TE LAISSER DANS CE BLOC DE GLACE.

TU AURAIS DÛ RESTER U SOUVENIR... UN SYMBOL DE PAIX ET DE LIBERTÉ

TU NE SERAIS PAS DEVENU UN CRIMINEL DE GUERRE.

UN FUGITIF.

JE DEVRAIS ÉCRIRE.

UN LIVRE POUR M'EXPLIQUER AU MONDE.

NON, JE DOIS DESSINER.

COMME AVANT.

ÇA ME RENDAIT HEUREUX. POUR-QUOI AI-JE ARRÊTÉ ?

AH OUI. PARCE QUE LES GENS ONT BESOIN DE CAPTAIN AMERICA.

NON, TU AS BESOIN DE LUI.

STEVE ROGERS A BESOIN DE CAPTAIN AMERICA.

EUX N'ONT BESOIN DE RIEN.

C'EST LE FOND DE L'AFFAIRE.

EUX VEULENT DES SUPER-HÉROS CONTRÔLÉS PAR LE GOUVERNEMENT.

EUX VEULENT DES MARIONNETTES AU SERVICE D'UNE STRUCTURE CORPORATISTE, COMME LEURS POLITIQUES ET COMME LA PLANÈTE ENTIÈRE.

ILS NE VOIENT PAS QUE NOUS SEULS LEUR GARANTISSONS PROTECTION ET LIBERTÉ.

QU'ATTENDRE D'UN PEUPLE QUI DÉCOUVRE LES INFORMATIONS DANS LES SHOWS PEOPLE ?

BIEN SÛR QU'ILS S'EN FI-CHENT !

ILS ATTENDENT LA CHUTE.

ILS ATTEN-DENT... NON.

CE N'EST PAS VRAI.

ILS SE PRÉOCCUPENT PLUS D'EUX-MÊMES QUE DU MONDE DANS LEQUEL ILS VIVENT, C'EST TOUT.

ILS VEULENT LE CONFORT, PAS LA SÉCURITÉ.

ILS NE VEULENT PAS DÉFENDRE LEUR LIBERTÉ.

ILS VEULENT QUE QUELQU'UN COMME MOI LE FASSE POUR EUX, ILS NE SAVENT PAS CE QU'ILS... ÇA SUFFIT !

TU DOIS DORMIR. RESTER CONCENTRÉ.

SI TU ÉTAIS CONCENTRÉ, TU LES AURAIS ENTENDUS ARRIVER AVANT QU'IL NE SOIT TROP TARD POUR RÉAGIR...

NE T'EN VEUX PAS TROP...

... CES CHASSEURS DE CAPES SONT BIEN ENTRAÎNÉS.

KZZSSHHAA KZZSSHHAA

KZZSSHHAA

DES AGENTS DU S.H.I.E.L.D. SURENTRAÎNÉS ET ÉQUIPÉS D'UNE NOUVELLE TECHNOLOGIE FOURNIE PAR TONY STARK.

TONY STARK. MON **AMI**. MON PARTENAIRE.

IL LES A ENVOYÉS **ME** DÉMOLIR PARCE QUE JE PENS QUE LA LIBERTÉ N'ACCEPTE PA DE COMPROMIS.

MAIS CE NE SONT PAS DES NAZIS, NI L'HYDRA. MÉNAGE-LES.

KZZSSHHHHKZZSSHH
ZZSSHHAAKZZSSH
ZZSSHHAAKZZSSH
ZZSSHHAAKZZSSH

H KZZSSHH
A KZZSSHH
A KZZSSHHA
A KZZSSHH
A KZZSSHH
A KZZSSHHA

C'EST DIT.

ILS ONT EU LEUR CHANCE.

ÉCOUTEZ-MOI BIEN !

RETOURNEZ DIRE À VOS MAÎTRES QUE VOUS AVEZ ÉCHOUÉ.

ET IL N'Y AURA PAS DE BLESSÉS.

DES GOSSES.

ILS FONT CE QU'ON LEUR DEMANDE.

DE BONS SOLDATS.

SMASH

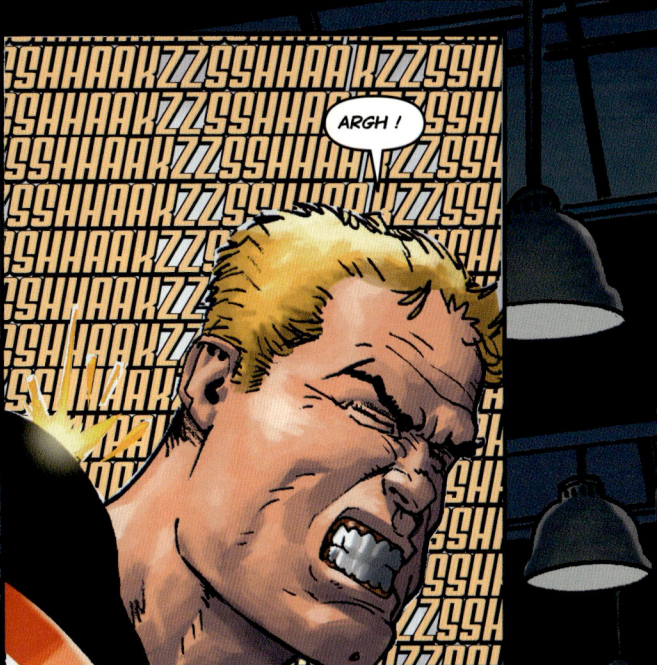

VAS-Y, CAP.

PARCE QUE SINON, JE T'EMBARQUE.

ILS ONT ENVOYÉ UN AMI. TROIS MILLE AGENTS DU S.H.I.E.L.D. EN SERVICE, ET ILS ENVOIENT UN AMI.

UN COUP BAS.

JE M'EN SOUVIENDRAI.

DUGAN ?

DUM DUM DUGAN ?

ICI L'AGENT DU S.H.I.E.L.D. DUGAN.

CAPTAIN AMERICA EST MORT. ON BALAIE LA ZONE. TERMINÉ.

BON SANG. VOUS L'AVEZ EU ?

ATTENDEZ MON SIGNAL.

IL LEUR FAUDRA DIX MINUTES POUR COMPRENDRE.

CINQ DE PLUS POUR COMPRENDRE DE QUEL CÔTÉ JE SUIS PARTI.

ET ESPÉRONS-LE, DIX DE PLUS POUR SE REMETTRE DU FAIT QUE J'AI USÉ D'UN TEL PROCÉDÉ.

ILS AURAIENT DÛ ME LAISSER CONGELÉ.

EN HÉROS.

"LÀ !"

"JE NE..."

"À GAUCHE."

"JE LE VOIS."

SAM EST UN AMI. J'AURAIS DÛ TOUT DE SUITE ALLER VERS LUI.

VOILÀ QUI EST DÉCEVANT.

EH BÉ, J'AI TOUJOURS PENSÉ QUE SPIDER-MAN AVAIT PLUS À PERDRE QU'AUCUN D'ENTRE NOUS DANS UN CAS COMME CELUI-CI.

TONY ET LUI SONT LIÉS. IL LUI A DONNÉ UN TRAVAIL, UN COSTUME.

VENDU.

JE SUIS GÊNÉ DE NE PAS L'AVOIR FAIT.

PEUT-ÊTRE QUE SI QUELQU'UN LUI...

ALLONS-Y !

EN BAS ? MAIS ILS VONT NOUS TOMBER...

IL LE FAUT.

BLAM BLAM

APPARITION DE CAPTAIN AMERICA ET DE SON ÉQUIPIER.

SÉANCE EXTRAORDINAIRE DU CONGRÈS POUR DÉBATTRE DE LA LÉGALITÉ DE LA FÉDÉRALISATION DES HÉROS.

... SURPRENANTE APPARITION PUBLIQUE DE QUELQU'UN QUI SEMBLE BIEN ÊTRE CAPTAIN AMERICA...

... APPAREMMENT PEU AFFECTÉ PAR LA POLÉMIQUE ENTOURANT LA LOI DE RECENSEMENT DES SURHUMAINS. LE PRÉSIDENT **LUI-MÊME** A DÉCLARÉ QUE CAPTAIN AMERICA ÉTAIT UN FUGITIF...

... LES TÉMOINS INDIQUENT QUE CAPTAIN AMERICA A MIS FIN À L'AFFRONTEMENT QUI AVAIT LIEU SUR LES MARCHES DU TRIBUNAL FÉDÉRAL, AVANT DE REPARTIR SANS UN MOT...

... IGNORANT LES APPELS À LA REDDITION LANCÉS PAR LES OFFICIERS DE POLICE.

ÉTONNANT.

DOCTEUR PYM ?

HENRY, J'AI BESOIN DE TON AIDE.

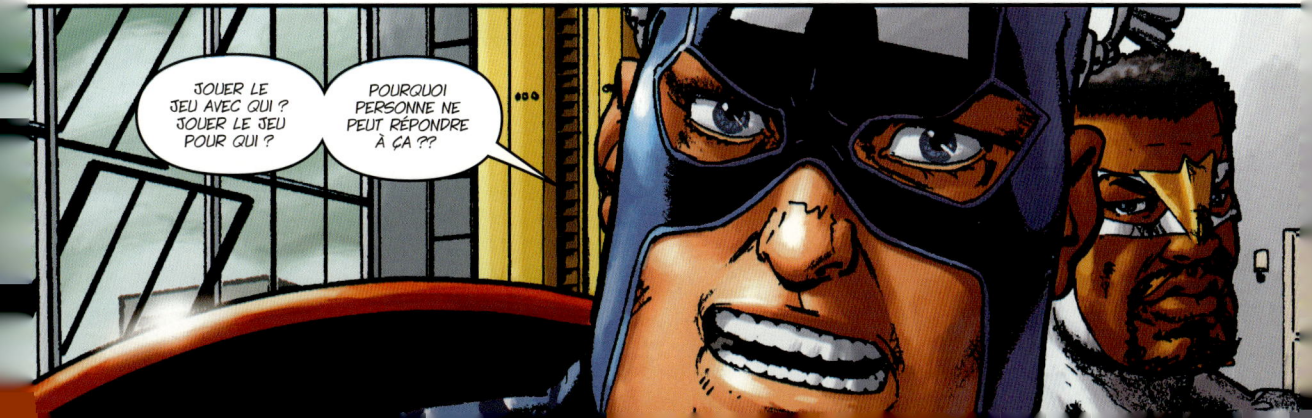

JE PENSAIS PAS QUE TU VIENDRAIS.

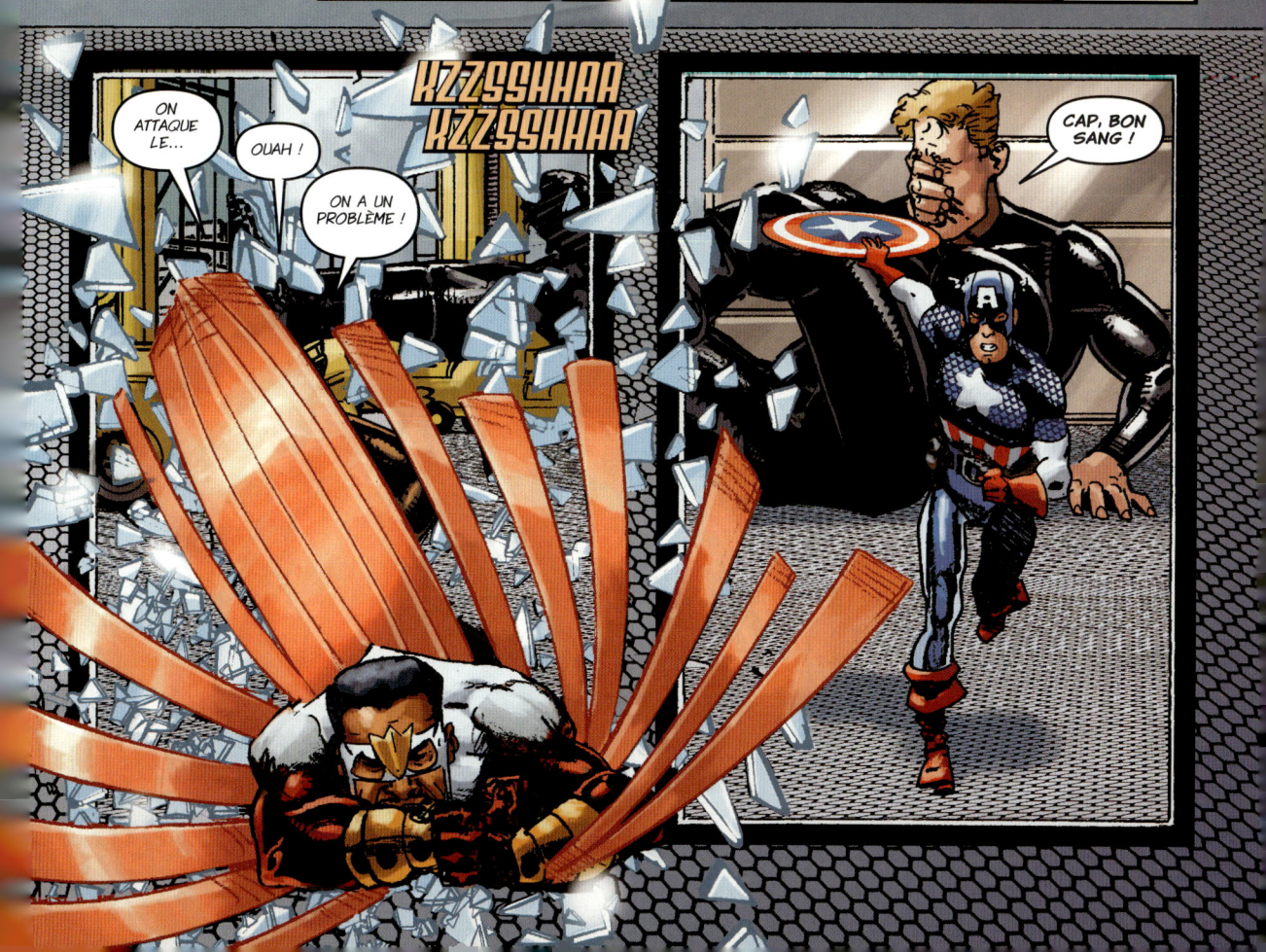

ICI GAMMA 1. ON A UN PRO-BLÈME.

ILS SONT PARTIS.

PERMISSION DE LES PRENDRE EN CHASSE ?

ICI LE COMMANDANT HILL. PERMISSION ACCORDÉE.

IL A FILÉ.

UNITÉ DE COERCITION SUPER-HUMAINE, NE REVENEZ PAS **SANS** CAPTAIN AMERICA.

CENTRAL... ENVOYEZ UNE UNITÉ MÉDICALE.

ON A QUELQUE CHOSE SUR LE SATELLITE ?

NE VOUS EN VOULEZ PAS, DR PYM. VOUS AVEZ FAIT LE MAXIMUM.

LA FERME.

BON, **ÇA** C'EST FAIT.

SUIVANT ?

LUKE, TU M'ÉCOUTES ?

J'AI EN-TENDU.

ET ?

QUE VEUX-TU QUE JE TE DISE, STARK ?

LA LOI SUR LE RE-CENSEMENT ENTRE EN VIGUEUR À MINUIT.

TOUS LES HÉROS, Y COMPRIS LES VENGEURS, DEVRONT Y ADHÉRER.

ON TRAVAILLERA TOUS POUR L'ÉTAT AMÉRICAIN.

ET LES VENGEURS SERONT UNE ÉQUIPE GOUVERNEMENTALE, AVEC UN SALAIRE ET DES AVANTAGES.

TU VAS SIGNER ?

RÉPONDS, LUKE, CAR SI TU REFUSES, DÈS MINUIT...

... JESSICA ET TOI, VOUS SEREZ DES CRIMINELS.

ENCORE.

J'AI PARLÉ... ATTENDS...

... J'AI PARLÉ AUX POUVOIRS EN PLACE. TES ANTÉCÉDENTS SORDIDES SERONT PASSÉS SOUS SILENCE.

TES ERREURS DE JEUNESSE N'AFFECTERONT EN RIEN TON STATUT DE VENGEUR ACCRÉDITÉ.

ET MOI, STARK ?

J'AI DES POUVOIRS AUSSI, ET TU SAIS QUOI ?

JE N'AI PAS L'INTENTION DE M'EN SERVIR.

NI DE BOSSER POUR LES ÉTATS-UNIS DES VENDUS.

ALORS, JE FAIS QUOI ?

EH BIEN, MME CAGE...

JONES.

JESSICA, TU SIGNES ET ON RÉGLERA LE PROBLÈME EN TEMPS VOULU.

TU AS UN BÉBÉ. PERSONNE NE TE DEMANDERA D'ALLER COMBATTRE FATALIS.

MON CUL, OUI.

JESSICA, TU ES...

C'EST BON, CAROL.

TU ES MILITAIRE. TU AIMES LES ORDRES.

PAS NOUS.

ON DÉTESTE ÇA.

LE PAYS A CHANGÉ, ET ON FAIT DE NOTRE MIEUX POUR QU'IL RESTE BEAU ET...

TU TE COMPROMETS AU-DELÀ DE TOUTES...

LE MONDE N'EST PAS BEAU.

SINON... ON SERAIT PAS CE QU'ON EST.

VOUS ESSAYEZ DE FAIRE DU MONDE CE QU'IL N'EST PAS.

PIRE, VOUS VOUS VENDEZ POUR Y ARRIVER. ET À QUI VOUS VENDEZ ? HEIN ?

CE QUE VOUS VOULEZ FAIRE, C'EST PAS POSSIBLE. C'EST PAS HUMAIN.

INUTILE DE ME LE DIRE. TU SIGNES ?

ÊTRE ARRÊTÉ CHEZ SOI EN PLEINE NUIT PARCE QU'ON EST **DIFFÉRENT**, ÇA CHANGE RIEN PAR RAPPORT À AVANT.

ÇA DEVIENT UNE **TRADI-TION**.

TOUT JUSTE.

JE PENSE QU'ON VERRA ÇA À MINUIT.

LUKE, ILS VONT VENIR CHEZ TOI ET T'EMMENER DE FORCE.

ET SI ÇA NE MARCHE PAS, ILS NOUS APPELLERONT. C'EST ÇA QUE TU VEUX ? C'EST **ÇA** TON BUT ?

AH.

C'EST LE MISSISSIPPI DES ANNÉES 50 ?

OH, S'IL TE PLAÎT !

OÙ EST LA DIFFÉ-RENCE ?

ARRÊTE, TU VEUX BIEN ?

M'SIEUR CAGE ?

FICHE-LUI LA PAIX !

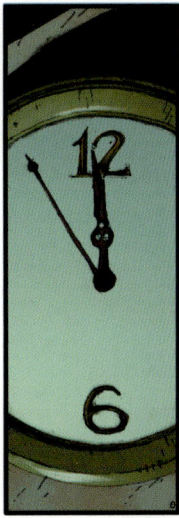

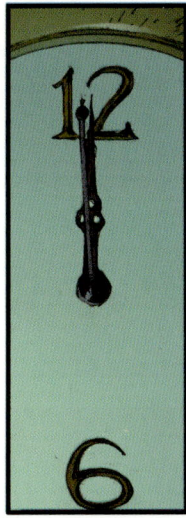

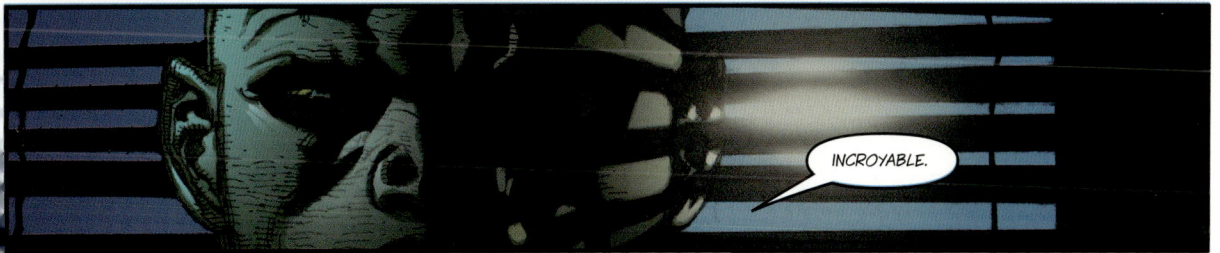

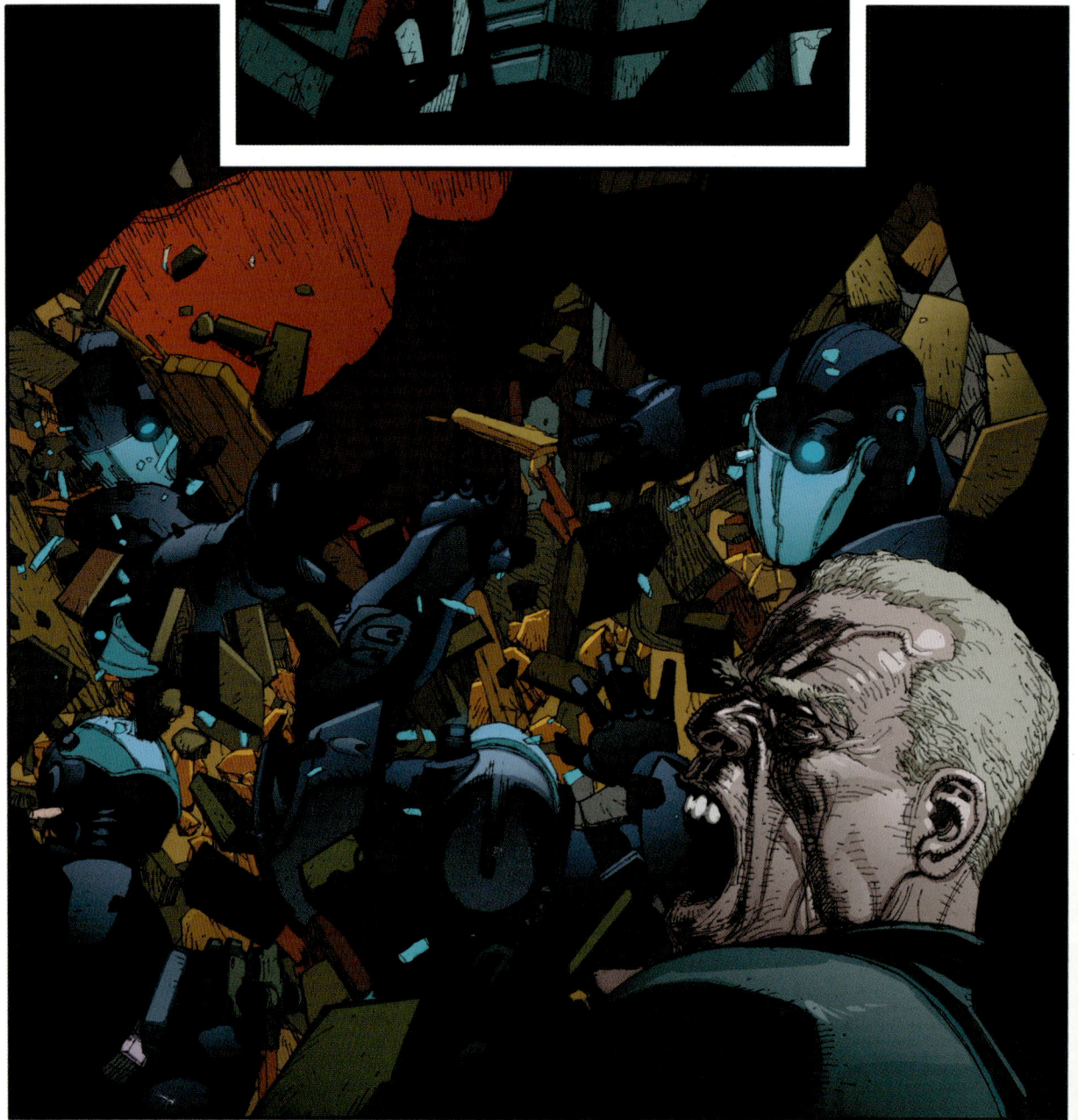

AGH!

CRACK

AGH!

FSSRAAMMM

FSSRAAMMM

DANS LE MILLE !

ICI ÉQUIPE COBRA. ON A CAGE.

LUCAS CAGE, JE SUIS L'AGENT DU S.H.I.E.L.D. WHITMAN. JE VOUS ARRÊTE POUR INFRACTION À LA LOI DE RECENSEMENT DES SURHUMAINS.

J'AI LE DEVOIR DE VOUS INFORMER QUE VOUS POUVEZ GARDER LE SILENCE. SI VOUS RENONCEZ À CE DROIT, TOUT CE QUE VOUS DIREZ...

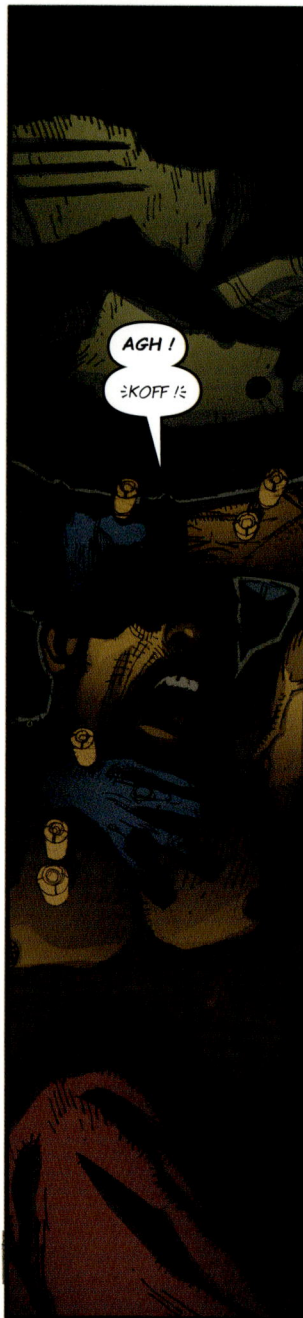

SCREEEEEEEEEEEEEEEEEEEEEEEEEEEE

HÉLIPORTEUR UN, ILS S'ENFUIENT. NOUS N'AVONS PAS D'AUTORISATION POUR LES POURSUIVRE.

QUI "ILS" ?

HÉLIPORTEUR ? ICI LUKE CAGE. C'EST LA FORME, CE SOIR ?

TU PARLES.

CAGE, ICI MARIA HILL. TU NE FAIS QU'AGGRAVER TON CAS.

OÙ QUE VOUS ALLIEZ, ON RETROUVERA CE VÉHICULE.

JE M'EN DOUTE, MAIS...

ON A JUSTE UN TRUC À DIRE.

LA RÉVOLUTION EST **EN MARCHE**.

BZZZT

LA RÉVOLUTION ?

JE SAVAIS PAS QUOI DIRE D'AUTRE.

JESSICA ET LE BÉBÉ ?

ELLES SONT À TORONTO.

COOL.

ILS ONT DE BONS CHINOIS.

VOUS AVEZ DU LAIT DE SOJA ?

QUOI ?

DU LAIT DE SOJA.

ÇA ! VOUS EN AVEZ ?

... EN DIRECT DE HARLEM OÙ UN COMBAT DE RUE A ÉCLATÉ ALORS QUE LE NOUVEAU VENGEUR *LUKE CAGE*, CONNU AUX ÉTATS-UNIS SOUS LE NOM DE POWER MAN, ÉTAIT APPRÉHENDÉ POUR AVOIR ENFREINT LA LOI DE RECENSEMENT DES SURHUMAINS.

COMMENT ILS FONT ÇA ?

OH NON.

SELON LES TÉMOINS, LE QUARTIER N'A JAMAIS CONNU PAREILLE ÉMEUTE... UNE ÉMEUTE...

... QUI A PRIS FIN QUAND CAPTAIN AMERICA ET UNE BRIGADE DE SUPER-HÉROS REBELLES ONT NEUTRALISÉ L'ARMADA DE "TUEURS D'ENCAPÉS" AVANT DE PRENDRE LA FUITE.

LEUR VÉHICULE A ÉTÉ RETROUVÉ À DEUX KILOMÈTRES DE LÀ, MAIS LES FUGITIFS AVAIENT DISPARU.

SELON LES TÉMOINS, LUKE CAGE S'EST ÉCHAPPÉ AVEC LES HÉROS...

OK.

OK.

ÇA DEVIENT INTÉRESSANT.

CL!CK

CL!CK

... JAMAIS DEPUIS LA GUERRE KREE-SKRULL NOUS N'AVIONS REÇU PAREILLE **AVALANCHE** D'INFOS EN PROVENANCE DE LA COMMUNAUTÉ DES SUPER-HÉROS.

TOUTE CETTE ACTUALITÉ EST BIEN SÛR LIÉE À LA SIGNATURE DE LA LOI DE RECENSEMENT DES SURHUMAINS.

NOUS SOMMES EN TRAIN DE METTRE TOUT EN ORDRE POUR VOUS INFORMER LE PLUS PRÉCISÉMENT POSSIBLE.

NOUS REVIENDRONS SUR LA DÉCLARATION **RENVERSANTE** DE SPIDER-MAN À WASHINGTON...

... APRÈS CE SCOOP TRÈS INQUIÉTANT EN PROVENANCE DE MANHATTAN.

SELON NOS SOURCES, LES VENGEURS – UNE INSTITUTION DE LONGUE DATE À NEW YORK – SE SERAIENT RETROUVÉS DIVISÉS.

ON DIT QUE CAPTAIN AMERICA LUI-MÊME...

... AUTREFOIS SYMBOLE DE LIBERTÉ, EST DÉSORMAIS UN ENNEMI PUBLIC !

TRAHISON ET **TERRORISTE** SONT LES MOTS UTILISÉS PAR LES LÉGISLATEURS POUR DÉCRIRE SON...

KNOCK KNOCK

QUI C'EST ?

ALLEZ, OUVRE, JESS.

QUE FAITES-VOUS ICI, COLONEL FURY ?

VOUS DEVIEZ RESTER DANS LA CLANDESTINITÉ JUSQU'À...

COMMENT VOUS...

QUEL EST LE MOT DE PASSE ?

TU TE FAIS APPELER SYBIL DVORAK.

C'EST LA GUERRE. ÇA CHANGE TOUT.

IL FAUT CHOISIR SON CAMP.

QUEL EST LE MIEN ?

TU ME FAIS MAR-CHER ?

FUTÉ !

QUEL CAMP TU PRÉFÈRES ?

J'AI LE CHOIX ?

BIEN SÛR QUE TU L'AS.

MAIS... ET LE PLAN ?

LE PLAN A CHANGÉ.

LE MONDE DEVIENT FOU. IL FAUT...

ARGH !

UUGGHH...

FÉLICITATIONS, JESSICA. TU ES LA PREMIÈRE À TRAHIR DANS CETTE PREMIÈRE GUERRE DES SUPER-HÉROS.

VIVE L'HYDRA !

AAAGGHHH!

BUDDABUDDA BUDDAI

NON !

VITE, AGENT DREW ! LE TEMPS PRESSE !

NOON !

A BUDDAB
DA BUDDA
JDD BUDD
BUDDA BU
BUDDA BU

M. TONY STARK.

GRÂCE À VOTRE ARMURE, VOUS SURVIVREZ SANS DOUTE AU CRASH VIOLENT DE CET HÉLIPORTEUR SUR L'ÉTAT DU RHODE ISLAND.

EN DÉCOUVRANT L'HORREUR AUTOUR DE VOUS, PUISSIEZ-VOUS...

... RÉALISER QUE C'EST VOUS ET VOS PROFITS DE GUERRE LES RESPONSABLES.

VIVE L'HYDRA !

OH, MON DIEU...

VITE ! STABILISA-TEURS ! BOOS-TERS ANTI-GRAVITÉ !

FAITES VOLER CET ENGIN !

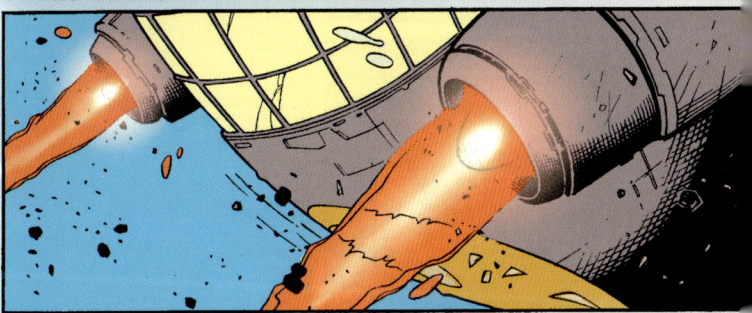

HUAGH !

MERDE, C'ÉTAIT QUOI ?

IEM.

IMPULSION ÉLECTROMA-GNÉTIQUE.

J'AI BESOIN D'UN DOCTEUR.

PONT ! ÉTAT DES PERTES.

DÉCOUVREZ OÙ SE SONT CRASHÉS LES JETS !

ET OÙ CES NAZIS ONT EMMENÉ DREW.

TIENS.

BIENVENUE SUR HYDRA ISLAND, JESSICA.

ET CHEZ TOI.

VIVE L'HYDRA.

QUEL SPECTACLE SI L'HÉLIPORTEUR S'ÉTAIT ÉCRASÉ SUR RHODE ISLAND. IL S'EN EST FALLU...

... DE PEU.

DE TRÈS PEU.

ÇA AURAIT ÉTÉ QUELQUE CHOSE.

BAH, ON T'A RÉCUPÉRÉE. ET C'EST CE QU'ON VOULAIT.

TU AS APPRÉCIÉ, J'ESPÈRE.

C'ÉTAIT UN STRATAGÈME UNIQUE QU'ON RÉSERVAIT POUR UNE GRANDE OCCASION.

ILS VONT COMPRENDRE LE COUP DE L'IEM ET CRÉER UNE PARADE.

MAIS... POURQUOI AVOIR FAIT ÇA, CONNELLY ? POURQUOI...

... SUIS-JE ICI ?

LA RÈGLE A CHANGÉ. **ENCORE**.
LES JOUEURS CHANGENT. **ENCORE**.
CETTE GUERRE CIVILE A **TOUT** BOULEVERSÉ.
ÇA IMPLIQUE DE MODIFIER LE PLAN.
AUTREMENT DIT, FINI LES DOUBLES JEUX POUR TOI ET MOI.
OUBLIE FURY. IL NE FERA RIEN POUR TOI.
PENSE À L'HYDRA ET À SA PLACE DANS LES RETOMBÉES DE TOUT ÇA.
VOUS **SAVIEZ** POUR FURY ?
TU LE **CROYAIS** AVEC TOI.
MAINTENANT, TU RÉALISES QUE TU AS ÉTÉ **UTILISÉE**.
SI VOUS SAVIEZ, POURQUOI NE PAS M'AVOIR TUÉE ?
PARCE QUE NOUS EN AVONS TIRÉ PARTI.
ET TU DEVAIS CONSTATER TOI-MÊME...
... QUE TES "AMIS" HÉROS ET FURY TE TOURNERAIENT LE DOS. ILS N'ÉTAIENT **PAS** TES AMIS.
QUE LE S.H.I.E.L.D. N'EST QU'UNE BANDE DE GANGSTERS.
TU L'AS COMPRIS MAINTENANT, HEIN ?
PARCE QU'EN TOUTE FRANCHISE, JE NE SAIS PLUS COMMENT TE LE **PROUVER**.
QUE ME VOULEZ-VOUS ?
APRÈS AVOIR TENTÉ DE ME TUER, VOUS ME SAUVEZ.
QUE ME VOULEZ-VOUS ?
ÇA VA TE CHOQUER, MAIS ÉCOUTE-MOI JUSQU'AU BOUT.
L'ÉTAPE SUIVANTE, C'EST QUE TU PRENNES LA PLACE D'HONNEUR À LA TABLE.
QUELLE TABLE ? **VOTRE** TABLE ?
OUI.
C'EST LA PLACE DE MADAME HYDRA.

TOI, JESSICA...

...TU ES NÉE **HYDRA**.

C'EST ESSENTIEL POUR NOUS.

VIPÈRE EST... UN PEU INSTABLE.

(OUI, C'EST CHOQUANT...)

MAIS COMME MOI, LA PLUPART DES CADRES PENSENT QUE SI L'HYDRA A EU TANT DE MAL À RESTER SOUDÉE, C'EST PARCE QUE NOTRE MADAME HYDRA EST EN VRAC.

TU AS COURU LE **MONDE**, ET POURTANT, TU ES LÀ.

IL NOUS FAUT UNE AUTRE MADAME HYDRA. SI TU PEUX TE DÉPASSER ET ENFIN ACCEPTER...

... C'EST TOI.

TU N'ES PAS UNE RECRUE.

L'HYDRA COULE DANS TES VEINES.

VIPÈRE NE SERA PAS, DISONS, **CONTRARIÉE** EN DÉCOUVRANT VOS PROJETS ?

DURANT...

... MES MAUVAISES PASSES...

(ET J'AI EU MON LOT...)

... IL Y A CE TRUC AVEC L'HYDRA. CE... CE LIEN.

LE FAIT QUE MES PARENTS EN AIENT FAIT PARTIE...

C'EST LÀ... AU FOND DE MOI.

C'EST CE QUE JE DISAIS.

CE QUI ME DONNE LA FORCE DE CONTINUER, C'EST QUE QUATRE OU CINQ FOIS...

... J'AI EU L'HONNEUR – NON, LE PRIVILÈGE – DE ME TROUVER SUR UNE BASE DE L'HYDRA AU MILIEU DE NULLE PART.

COMME CELLE-CI.

ET DE L'EXPÉDIER TOUT DROIT EN ENFER.

SANS DOUTE.

MAIS C'EST : **PRIX** À PAYER POUR ÊTRE LE CHEF.

ET LES **RÉVOLUTIONS**...

... SE FONT DANS LE SANG.

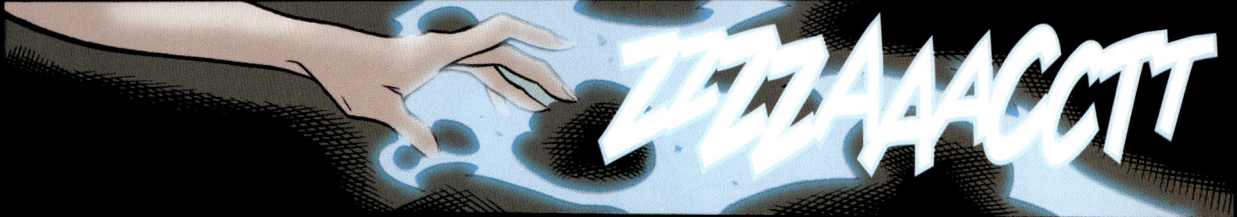

JESSICA ?

TU **CON-
NAIS** CET
ENDROIT ?

JE...
JE CHERCHE
FURY.

J'AI PAR-
COURU TOUT
LE PAYS ET...

IL EST
PAS LÀ.

VOUS
ORGANISEZ LA
RÉSISTANCE, C'EST
BIEN ÇA ?

ON VA
RIPOSTER.

JE
VOUS EN
PRIE.

PRENEZ-
MOI.

JE
NE SAIS
PAS OÙ
ALLER.

TU ES, SENTRY.

POUR CE QUE ÇA TE **SERT**.

LÂCHE.

TU ES AUSSI PUISSANT QUE L'EXPLOSION D'UN MILLION DE SOLEILS.

HÉROS CONTRE HÉROS DANS UNE GUERRE CIVILE DONT DÉPEND LE SORT D'UN PAYS...

... VOIRE DU **MONDE**...

ON TE SUPPLIE D'INTERVENIR ET QUE FAIS-TU ?

TU FUIS.

TU TE DEMANDES COMMENT TU PEUX COMBATTRE DES **AMIS**.

SURTOUT AVEC LE POUVOIR QUI EST LE TIEN. TU POURRAIS...

... ARRACHER LES BRAS DE SPIDER-MAN.

TU POURRAIS TUER CAPTAIN AMERICA.

LES TUER **TOUS**.

ET ENSUITE ?

MÊME SI C'ÉTAIT UN ACTE JUSTE... ET **ENSUITE** ? C'EST TROP ÉNORME. C'EST... C'EST TROP. VOID REVIENDRAIT.

C'EST TA MALÉDICTION. BOB REYNOLDS, SENTRY, VOID.

QUOI QUE TU FASSES, VOID REVIENDRA UN JOUR POUR LE DÉFAIRE.

ASSEZ !

ARRÊTE AVEC CETTE VIEILLE EXCUSE.

TU AS VAINCU VOID. TU L'AS PROJETÉ DANS LE SOLEIL. CE MOMENT FUT LE PLUS IMPORTANT DE TOUTE TA VIE.

C'EST FINI. VOID N'EXISTE PLUS.

SAUF
QUE TU **ES**
SENTRY.

ET QUE VOID
EST **PARTOUT.**

ARRÊTE DE PARLER DE VOID QUAND C'EST **TOI** LE PROBLÈME. ARRÊTE...

... DE T'APITOYER. TOUT LE MONDE A DES SOUCIS.

SAUF QUE TOI, TU FUIS LES TIENS.

QUELLE SORTE DE HÉROS ES-TU, BOB ?

TU DEVRAIS **RETOURNER** LÀ-BAS ET TE SERVIR DE TES DONS POUR REMETTRE LE MONDE EN ORDRE.

TU AS LE POUVOIR D'**ARRÊTER** CETTE GUERRE.

TU AS LE POUVOIR DE L'EFFACER COMPLÈTEMENT DES LIVRES D'HISTOIRE.

TU POURRAIS Y ALLER ET... QUOI ? **QUOI** ?

QUE FERAIS-TU, BOB ?

QUEL SERAIT TON...

LES INHUMAINS.

TU LES CONNAIS...

... NON ?

STARTLING STORIES

MARVEL COMICS GROUP

0¢ 92 OCT

STARTLING STORIES *Featuring*

THE SENTRY!

AVEC LES *INHUMAINS* POUR ME PRÊTER MAIN-FORTE, *RED RONIN* N'A AUCUNE CHANCE !

LES FOLLES NUITS D'ATTILAN

LE VIDE DE L'ESPACE EST UN MONDE DE SILENCE.

COMMENT LEUR DIRE QUE TU VEUX ÊTRE SEUL ?

QUE TU AS OUBLIÉ QU'ILS ÉTAIENT INSTALLÉS SUR LA LUNE. QUE TU PENSAIS ÊTRE...

MAIS... QUE FONT-ILS ?
ILS TENTENT DE TE **TUER !**
POURQUOI ?
C'EST VIOLENT ET BRUTAL. COMME SI LEUR VIE ÉTAIT L'ENJEU DE TA PERTE.
OH...
OK. TU AS DÉCIDÉ QUE ÇA SUFFISAIT.
BIEN.
CAR CETTE AGRESSION EST COMPLÈTEMENT **GRATUITE.**
LES INHUMAINS SONT FORTS **ET** HABITUÉS À COMBATTRE DANS CET ENVIRONNEMENT SANS VIE ET PRIVÉ D'AIR.
PAS TOI.
C'EST INJUSTE DE S'ATTAQUER À TOI ICI.
MAIS TU AS RETROUVÉ TA CONTENANCE.
ÇA VA ALLER.

TU LES RETIENS. TU NE LES COMBATS PAS.

C'EST UN MESSAGE SILENCIEUX POUR LEUR DIRE QUE TU **POURRAIS** RIPOSTER, MAIS QUE TU Y RENONCES.

C'EST TRÈS SAGE DE TA PART, BOB.

TU ES VENU JUSQU'ICI POUR UNE SEULE RAISON : TROUVER UNE AUTRE SOLUTION QU'UN AFFRONTEMENT QUI NE RIME À RIEN CONTRE DES ALLIÉS ET DES AMIS.

C'EST **TOI** QUI IMPOSES L'ARRÊT DU COMBAT.

MAIS QUE FAIS-TU, BOB ? TU POURRAIS LES BRISER FACILEMENT... OH.

TU PRÉFÈRES LES **RETENIR**.

ILS VONT DEVOIR TROUVER UN AUTRE MOYEN DE TE COMMUNIQUER LA NATURE EXACTE DE LEUR PROBLÈME.

MAIS POURQUOI NE PAS T'ENFUIR, BOB ?

LES LAISSER À LEUR COLÈRE ET...

L'EMBLÈME DE FLÈCHE NOIRE.

LES INHUMAINS ONT LEURS COUTUMES.

TU NE COMPRENDS PAS LE GESTE D'EMBLÉE.

PUIS TU RÉALISES... C'EST UNE SOMMATION.

ATTILAN, SUR LA FACE CACHÉE DE LA LUNE...

... DANS UNE POCHE D'AIR APPELÉE ZONE BLEUE.

DISSIMULÉE AUX ÊTRES HUMAINS, À QUI TOUT CE QUI EST DIFFÉRENT DE LA "NORME" FAIT PEUR.

D'ABORD, ILS T'AGRESSENT. ENSUITE, ILS T'INVITENT CHEZ EUX.

PUIS ILS TE DEMANDENT CE QUE TU FAIS LÀ.

POURQUOI ?

ILS TE REGARDENT TOUS FIXEMENT.

ILS TE HAÏSSENT... TU LE SENS, HEIN, BOB ?

POURQUOI CETTE HAINE ?

QU'AS-TU FAIT ? EST-CE VOID ?

VOID EST-IL VENU ICI LEUR FAIRE DU TORT ?

ET COMMENT CONNAISSENT-ILS TON IDENTITÉ CIVILE ?

AH OUI. ÇA Y EST.

LES BRUMES.

TOUT TE REVIENT MAINTENANT.

TU TE RAPPELLES QUE LES BRUMES TÉRATOGÈNES TRANSFORMENT CHAQUE INHUMAIN EN UN ÊTRE UNIQUE, DE CORPS ET D'ESPRIT.

QUOI ? EN GUERRE ?

L'HUMANITÉ TOUT ENTIÈRE NE FAIT QUE NOUS **TRAHIR** ET NOUS AGRESSER. NOUS EN AVONS **ASSEZ**.

NOUS N'ALLONS PAS LAISSER IMPUNÉMENT VOS IMPURETÉS SOUILLER NOTRE MONDE.

JE, HUM, J'IGNORAIS TOUT DE VOTRE HOSTILITÉ.

J'ÉTAIS PERDU DANS MES PENSÉES.

AU POINT DE VOUS AVOIR OUBLIÉS.

IL MENT !

TAIS-TOI, FRÈRE GORGONE. ÉCOUTE TON ROI.

JE VAIS PARTIR.

JE NE PENSAIS PAS À MAL. JE SUIS VENU À ATTILAN PAR RESPECT POUR VOUS ET...

NOS DEVINS ME DISENT QU'ILS VOIENT DANS VOS PENSÉES UNE BATAILLE ÉPIQUE OÙ VOUS VOUS ÊTES ALLIÉ AUX INHUMAINS POUR COMBATTRE UN ENNEMI.

AUCUN DE NOUS NE S'EN SOUVIENT.

POUVEZ-VOUS NOUS EXPLIQUER POURQUOI ?

LES PLATS QU'ILS SERVENT SONT... RÉPUGNANTS.

À CROIRE QUE CERTAINS SONT RESSORTIS DES BRUMES TÉRATOGÈNES AVEC LE POUVOIR DE CRÉER CES "METS DÉLICATS".

TU NE SAIS MÊME PAS CE QUE C'EST.

COMMENT LA MÉFIANCE ET LA PEUR SE SONT AMPLIFIÉES...

TOUT EN PARLANT, TU RÉALISES QUE LES INHUMAINS N'ONT NI LIVRES, NI TÉLÉVISION.

AU FOND DE LA SALLE, QUELQU'UN S'EST MIS À PLEURER QUAND TU AS ÉVOQUÉ HOUSE OF M.

ILS COMMUNIQUENT PAR LA PAROLE. UNIQUEMENT PAR LA PAROLE.

ILS AVAIENT EU QUELQUES INFORMATIONS, SANS DOUTE, MAIS PAS TOUS LES DÉTAILS.

ET MALGRÉ LE TON HUMBLE ET DOUX DE TA VOIX, TON HISTOIRE EST SI ÉNORME...

... FORÇANT LE GOUVERNEMENT AMÉRICAIN À VOTER UNE LOI DE RECENSEMENT DES SURHUMAINS POUR RASSURER L'OPINION...

À PART LEUR CHEF, SEMBLE-T-IL.

LA MOITIÉ DES HÉROS DU MONDE S'ÉTANT REBELLÉS...

... C'EST LA GUERRE CIVILE.

FLÈCHE NOIRE, CACHE-T-IL DES CHOSES AUX SIENS ?

TU LEUR EXPLIQUES COMMENT LA PARANOÏA PROVOQUÉE PAR LA GUERRE SECRÈTE DE NICK FURY A CAUSÉ DES TORTS INDESCRIPTIBLES AUX MUTANTS À LA SUITE DU DÉRAPAGE DE WANDA MAXIMOFF AYANT ABOUTI À HOUSE OF M.

SON CORPS A UN LANGAGE ÉTRANGE.

ET IL NE PEUT PAS PARLER, NI MÊME MURMURER, CAR SA VOIX RASERAIT TOUTE LA VILLE.

TON HISTOIRE FINIE, TU TE TAIS.

PERSONNE NE PARLE.

TU ES ASSIS LÀ.

ET TU LA SENS.

TU N'AS PAS OUBLIÉ SON ODEUR.

TU AS ACCEPTÉ L'INVITATION PAR SIMPLE POLITESSE.

NON ?

ILS SONT SI SUSCEP-TIBLES. POURTANT...

... TU DEVRAIS PARTIR.

CAR ÇA NE T'AIDE PAS À Y VOIR PLUS...

... CLAIR.

TENEZ, MANGEZ ÇA.

VOUS N'AVEZ RIEN AVALÉ À TABLE.

JE PARLAIS TROP.

NON.

JE SUIS CRYSTAL.

JE SAIS.

AH...

ON S'EST BIEN CONNUS AUTREFOIS.

OUI.

ON ÉTAIT AMIS.

EN EFFET.

FHYTY ME L'A DIT.

LA FEMME LIVIDE QUI FOUILLAIT DANS MA TÊTE ?

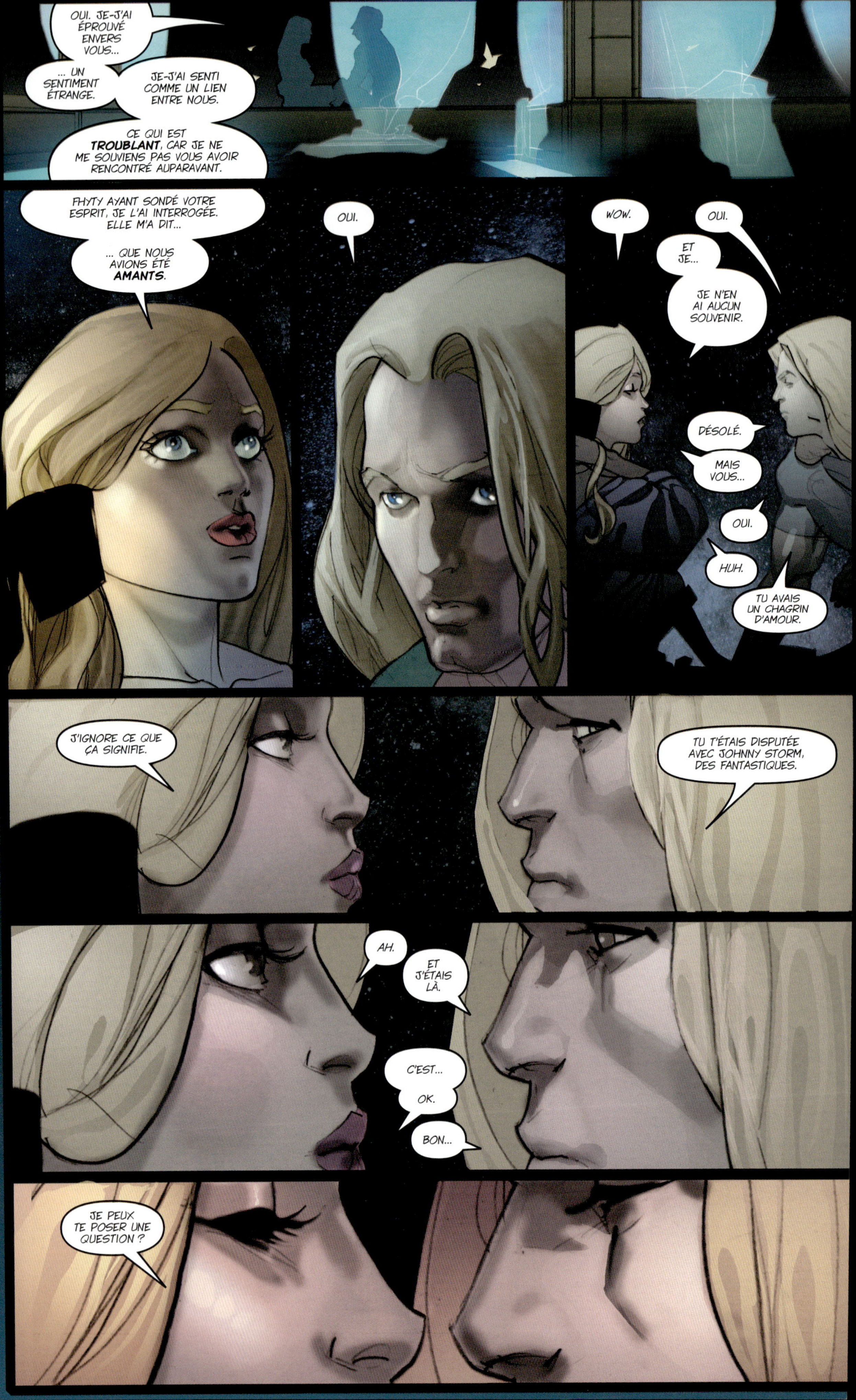
OUI. JE-J'AI ÉPROUVÉ ENVERS VOUS...
... UN SENTIMENT ÉTRANGE.
JE-J'AI SENTI COMME UN LIEN ENTRE NOUS.
CE QUI EST TROUBLANT, CAR JE NE ME SOUVIENS PAS VOUS AVOIR RENCONTRÉ AUPARAVANT.
FHYTY AYANT SONDÉ VOTRE ESPRIT, JE L'AI INTERROGÉE. ELLE M'A DIT...
... QUE NOUS AVIONS ÉTÉ AMANTS.
OUI.
WOW.
OUI.
ET JE...
JE N'EN AI AUCUN SOUVENIR.
DÉSOLÉ.
MAIS VOUS...
OUI.
HUH.
TU AVAIS UN CHAGRIN D'AMOUR.
J'IGNORE CE QUE ÇA SIGNIFIE.
TU T'ÉTAIS DISPUTÉE AVEC JOHNNY STORM, DES FANTASTIQUES.
AH.
ET J'ÉTAIS LÀ.
C'EST...
OK.
BON...
JE PEUX TE POSER UNE QUESTION ?

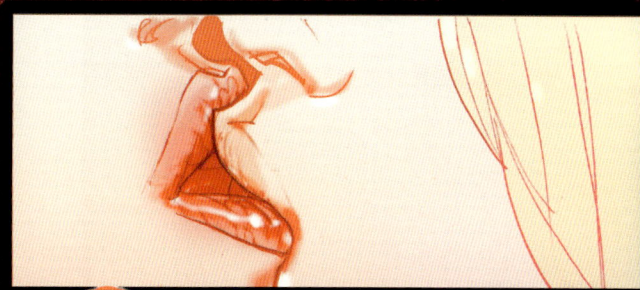

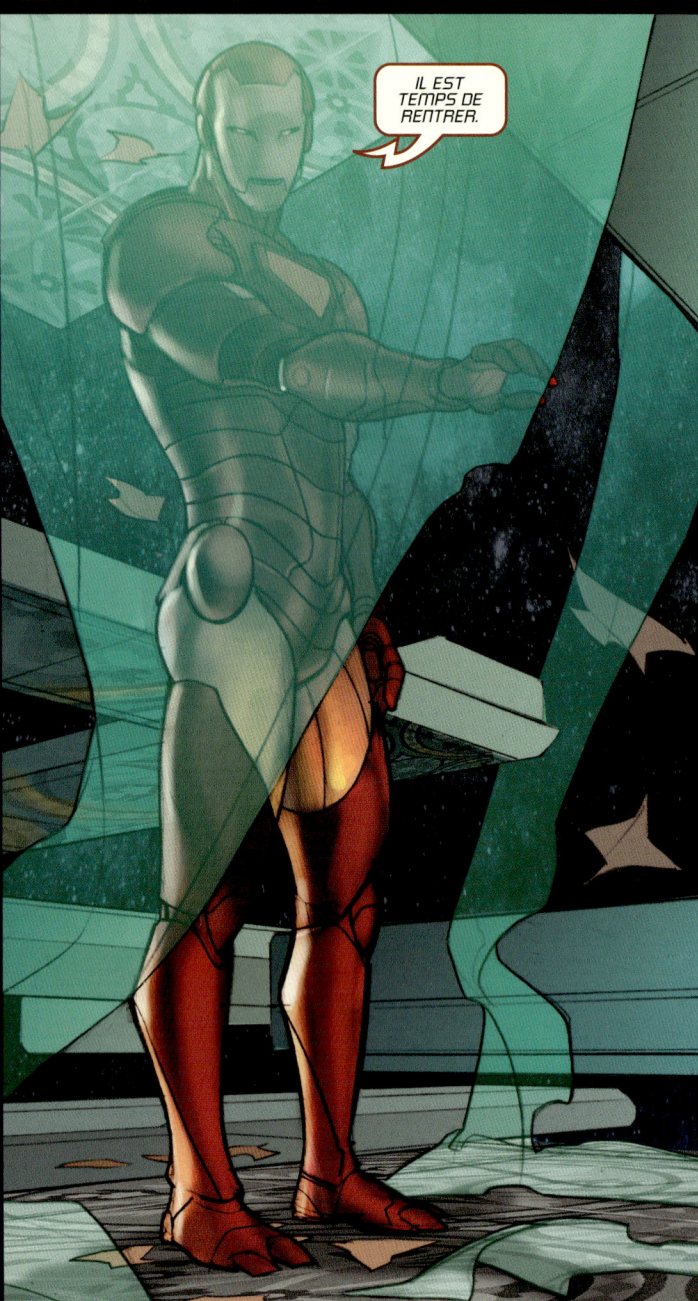

JE NE VAIS PAS LE TUER. JE VAIS L'ARRÊTER.
ET QUAND IL SERA CALME, MÊME SI ÇA PREND DES ANNÉES...
... JE L'AIDERAI À OUVRIR LES YEUX ET À CONSTATER QUE LE MONDE A CHANGÉ, UNE FOIS DE PLUS. ENSUITE...
... NOUS ENTAMERONS LE PROCESSUS DE GUÉRISON.
SAUF SI TU ÉCHOUES.
NON.
ET QU'IL N'ARRÊTE PAS.
JE TE PROMETS QU'ON ARRÊTERA ÇA.
JE NE VOIS PAS COMMENT TU PEUX LE PROMETTRE.
ÉCOUTE, BOB.
SI TU AS REÇU LE POUVOIR QUE TU AS, IL Y A UNE RAISON. SI TU AS SURVÉCU À TOUT CE À QUOI TU AS SURVÉCU DANS TA VIE, IL Y A UNE RAISON.
ET JE NE PENSE PAS QUE CETTE RAISON, CE SOIT QUE TU FASSES JE NE SAIS TROP QUOI ICI.
TU DOIS EMPÊCHER LES HÉROS DE NOTRE MONDE DE CONTINUER À S'ENTRE-DÉCHIRER.
TU CROIS QUE C'EST FACILE POUR NOUS TOUS ?
FRANCHEMENT, J'AIMERAIS MIEUX ÊTRE ASSIS DANS MON FAUTEUIL AVEC UNE BOUTEILLE DE JOHNNY WALKER BLACK ET OUBLIER TOUT ÇA.
MAIS IL NE SE PASSE PAS UNE SECONDE SANS QUE CES DÉMONS ME HARCÈLENT.
PAREIL POUR CAROL, SPIDER-MAN, CAP ET LES AUTRES.
NE PENSE PAS AU COMBAT. PENSE À CE QUI VIENDRA APRÈS. PENSE À UN MONDE MEILLEUR, PLUS PACIFIQUE ET PLUS HONNÊTE.
IMAGINES-TU UN SEUL INSTANT QUE JE VOUS FERAIS SUBIR PAREILLE ÉPREUVE, À TOI ET À TOUS LES AUTRES, SI JE N'AVAIS PAS LA CERTITUDE QUE C'EST POUR ÇA QUE NOUS NOUS BATTONS ?
BOB, IL Y A DE FORTES CHANCES POUR QUE... POUR QUE JE NE SURVIVE PAS À CETTE GUERRE.
ET QUE JE NE SOIS PLUS LÀ.
MAIS LE MONDE AURA BESOIN DE HÉROS...
... COMME TOI.
COMME LE HÉROS QUE TU ES PRESQUE. ET QUE TU M'AS DIT VOULOIR TELLEMENT DEVENIR.
ILS AURONT BESOIN DE TOI POUR RÉUSSIR.
M. STARK.
VOUS ÊTES EN ÉTAT D'ARRESTATION POUR VIOLATION DE NOTRE TERRITOIRE.

JE SUIS PRÊT.

... SI VOUS PERMETTEZ...

NOUS NE REVIENDRONS PAS, ET JE VOUS PROMETS QUE NOTRE GUERRE NE VOUS AFFECTERA PAS.

TRÈS BIEN...

FLÈCHE NOIRE, MAJESTÉ...

SINON...

... VOUS SEREZ FORCÉS DE FINIR CE QUE VOUS AVEZ COMMENCÉ.

C'EST TRISTE.

COMMENT ÇA, FHYTY ?

LEUR AVENIR.

ILS NE SONT PAS PRÊTS POUR LA SUITE.

ILS SONT LOIN D'ÊTRE PRÊTS.

ACTIVATE

EDIT CANCEL OK

CLANG CLUNG

BIENVENUE À LA STARK TOWER.

MERCI DE VOUS IDENTIFIER.

ANTHONY STARK.

CODE : 45654.

STARK . ANTHONY

IDENTITÉ VÉRIFIÉE.

BIENVENUE À LA STARK TOWER.

VEUILLEZ EMPRUNTER L'ASCENSEUR 2 POUR ACCÉDER AU DERNIER ÉTAGE.

AGH!

FSHAMM

TOUR DES VENGEURS
ALERTE ROUGE
BEEP BOOP BOP BEEP BEP
CODE CONTRÔLE ALARME VERTE
DÉSOLÉ.
CE PLONGEON SUR L'ALARME. WOW.
EXCUSE-MOI.
OK, JARVIS ?
JE SUIS VRAIMENT NAVRÉ.
MAIS CE N'EST PAS MOI QUI TE VEUX DU MAL.
DONC, C'EST PAS MA FAUTE, N'EST-CE PAS ?
DIS-MOI QUE CE N'EST PAS VRAI.

COMMANDANT HILL, VOUS POUVEZ VENIR VOIR ÇA ?

C'EST QUOI ?

ON A INTERCEPTÉ UN MESSAGE DU N.Y.P.D. SELON LEQUEL LES AGENTS DU S.H.I.E.L.D. POSTÉS DEVANT LA TOUR DES VENGEURS ONT ÉTÉ ASSOMMÉS.

QUOI ?

MAIS ON VIENT DE LES APPELER ET TOUT VA BIEN.

UNITÉ TOUR DES VENGEURS, RÉPONDEZ.

PASSEZ-LES-MOI.

RIEN À SIGNALER... TOUT EST CALME ICI.

VOUS AURIEZ ÉTÉ ASSOMMÉS, D'APRÈS LA POLICE.

RIEN À SIGNALER... TOUT EST CALME ICI.

IMAGE SATELLITE.

PLUS PRÈS.

ENCORE PLUS PRÈS.

ON A DES IMAGES SATELLITES ?

NON. RIEN.

LA TOUR EST PROTÉGÉE CONTRE LES ESPIONS. MATÉRIEL STARK.

VIVE STARK.

VOUS VOUS ABRITEZ DERRIÈRE VOTRE TECHNOLOGIE, TONY.

QUE M'AVEZ-VOUS DIT LE JOUR OÙ...

... VOUS M'AVEZ FAIT QUITTER LA FAC POUR M'OFFRIR LE MONDE ?

"QUOI QUE TU FASSES, NE T'ABRITE PAS DERRIÈRE TON GÉNIE."

ET LÀ...

... REGARDEZ-VOUS.

IL EXISTE UN PLAN D'ACCÈS D'URGENCE ?

NON, CHEF. C'EST UN IMMEUBLE RÉCENT, ET NOUS N'AVONS PAS EU L'OCCASION DE VISITER LA TOUR DE GUET DE SENTRY AVANT QUE LA GUERRE CIVILE ÉCLATE.

QUI SAIT SI ELLE NE RESSEMBLE PAS À L'APPART DE KEVIN SPACEY DANS SEVEN ?

SE POURRAIT-IL QUE VOUS AYEZ HONTE DE CE QUE VOUS FAITES ?

OU PENSEZ-VOUS QU'EN GARDANT L'ARMURE, VOUS POUVEZ FAIRE N'IMPORTE QUOI À N'IMPORTE QUI ?

PARCE QUE C'EST COMME SI ÇA SE PASSAIT À LA TÉLÉ. C'EST PAS VRAIMENT RÉEL.

J'Y VAIS.

OR ÇA L'EST.

MAIS JE VEUX QUE...

... VOUS VOYIEZ ÇA. QUE VOUS LE VIVIEZ.

GUAAAHGGHH-- NUH! ≷GASP≷ GUGGHH!

J'OUBLIAIS QUE C'EST DUR DE RESPIRER AVEC ÇA, UNE FOIS LE SYSTÈME FERMÉ.

COUPER LA SOURCE D'ÉNERGIE D'UNE ARMURE INTÉGRÉE BIOLOGIQUEMENT, ÇA VOUS SECOUE PHYSIQUEMENT, HEIN ?

ÇA FAIT QUEL EFFET ?

COMME LA GRIP-PE ?

NOUS N'AVONS JAMAIS ÉTUDIÉ CET ASPECT DE VOS NOUVEAUX POUVOIRS.

VOTRE CŒUR VOUS INQUIÈTE, JE SAIS.

KENNY, SI TU M'EN VEUX, IL Y A DE MEILLEURS MOYENS DE RÉGLER ÇA.

AH, SI C'ÉTAIT VRAI.

CLANG

C'EST QUOI ?

GÉNÉRATEUR D'ANTIMATIÈRE.

VOUS VOUS SOUVENEZ DE ÇA ?

LE PROCESSEUR D'INVERSION DE MATIÈRE QUE VOUS REFUSIEZ QUE JE FABRIQUE.

JE L'AI FAIT QUAND MÊME. ET CE BUILDING VA SE VOLA-TILISER.

FSSSS

L'ESPACE ET LA MATIÈRE QUI LE CONSTITUENT VONT SE REPLIER SUR EUX-MÊMES JUSQU'À DISPARAÎTRE COMPLÈTEMENT.

ET QUAND LES GENS REGARDERONT PAR LA FENÊTRE ET QU'ILS VERRONT QUE LA TOUR DES VENGEURS A DISPARU...

... ON EN AURA FINI AVEC LES "DANS QUEL CAMP ÊTES-VOUS ?"

CAR IL N'Y AURA PLUS DE CAMPS.

ÇA MET UNE MINUTE À CHAUFFER.

MAIS ÇA MARCHE.

JE LE SAIS CAR MON GARAGE N'EST PLUS DE CE MONDE.

SORTEZ !

DÉPÊCHEZ-
VOUS DE
SORTIR !

QU'EST-CE
QUE C'EST
QUE ÇA ?

UN
GÉNÉRATEUR
D'ANTIMATIÈRE !
ALLEZ-VOUS-
EN !

NON ! ÇA
NE SERVIRA
À RIEN !

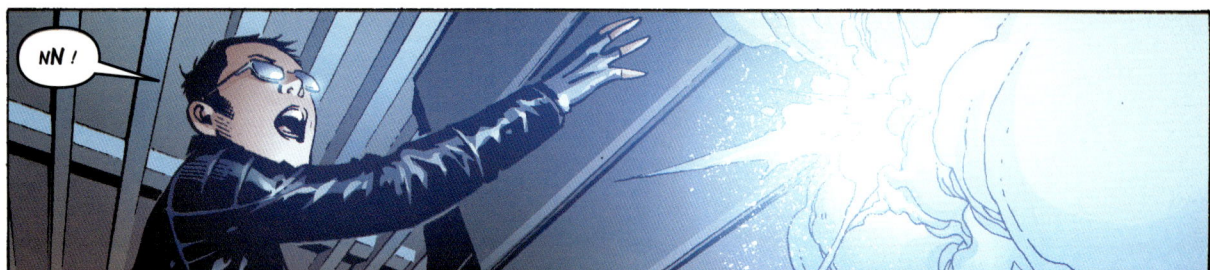

NN !

NYAGH !

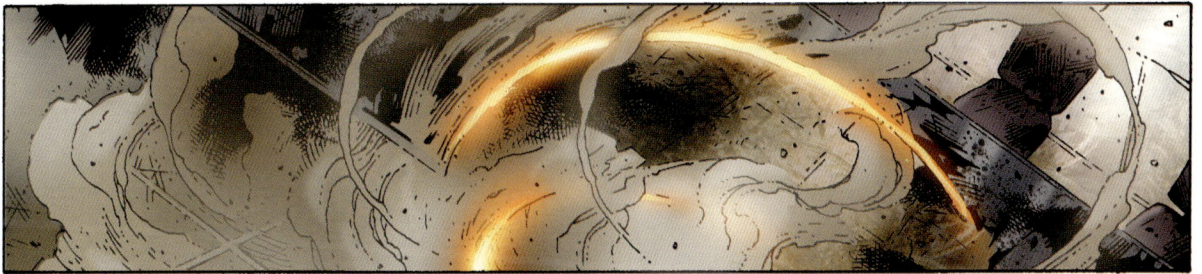

ÇA VA ?

NON.

ÉQUIPE SANITAIRE, ÉVACUEZ JARVIS.

MON DIEU ! TONY !

QUE S'EST-IL PASSÉ ?

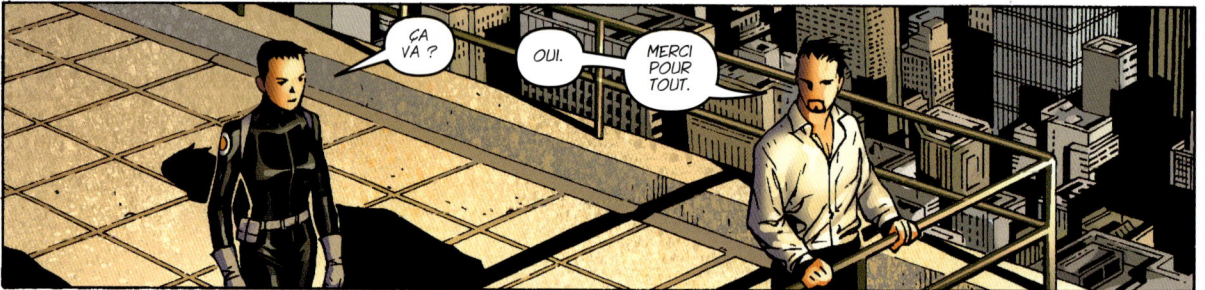

ÇA VA ?

OUI.

MERCI POUR TOUT.

JE VOUS AI SURPRIS, NON ?

UN PEU.

QUI ÉTAIT-CE ?

UN EMPLOYÉ MÉCONTENT.

WOW. VOUS ME **HAÏSSEZ** ? MÊME APRÈS ÇA ?

JE VOUS **CONNAIS** À PEINE.

VOUS ME HAÏSSEZ PARCE QUE LES CHEFS DU MONDE LIBRE M'ONT CHOISIE POUR CE JOB...

... ALORS QU'IL Y A SOIXANTE-QUINZE INDIVIDUS PLUS QUALIFIÉS ET MÉRITANTS QUE MOI.

PAS PLUS DE 75 ?

DÉSOLÉ.

À D'AUTRES. AVEZ-VOUS VU...

... "DES HOMMES D'HONNEUR" ?

CIVIL WAR 1 : STEVE McNIVEN

CIVIL WAR 2 : STEVE McNIVEN

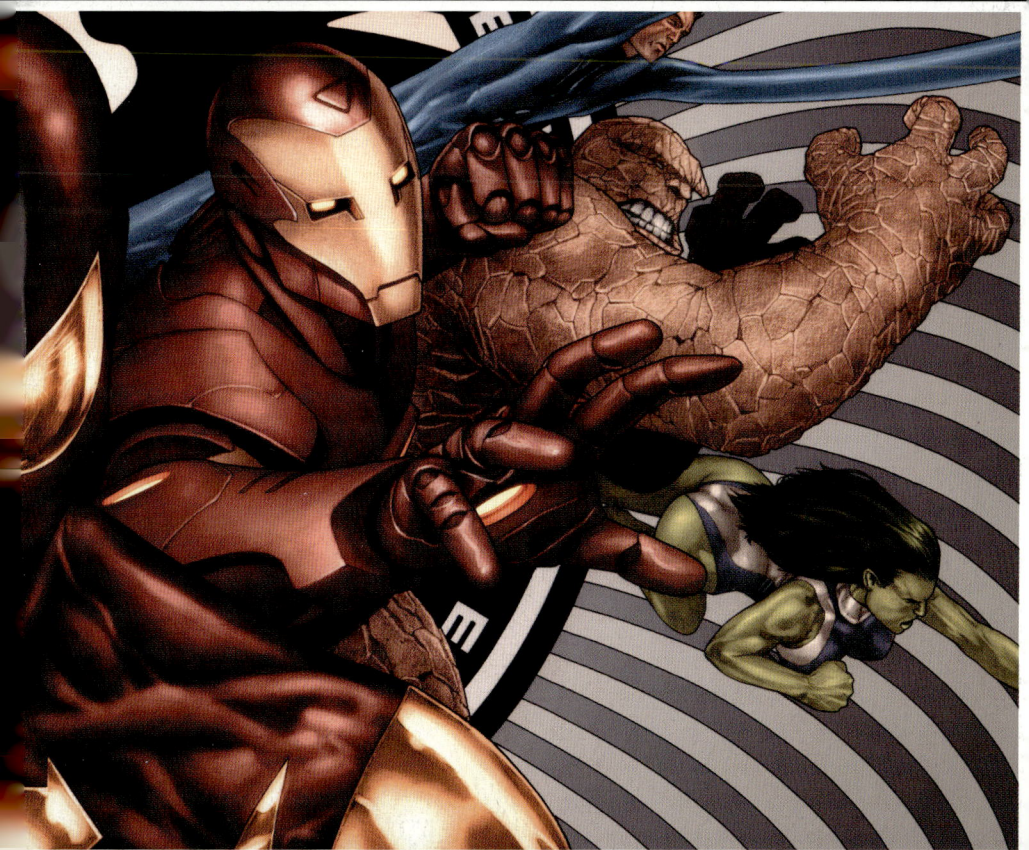

CIVIL WAR 3 : STEVE McNIVEN

CIVIL WAR 4 : STEVE McNIVEN

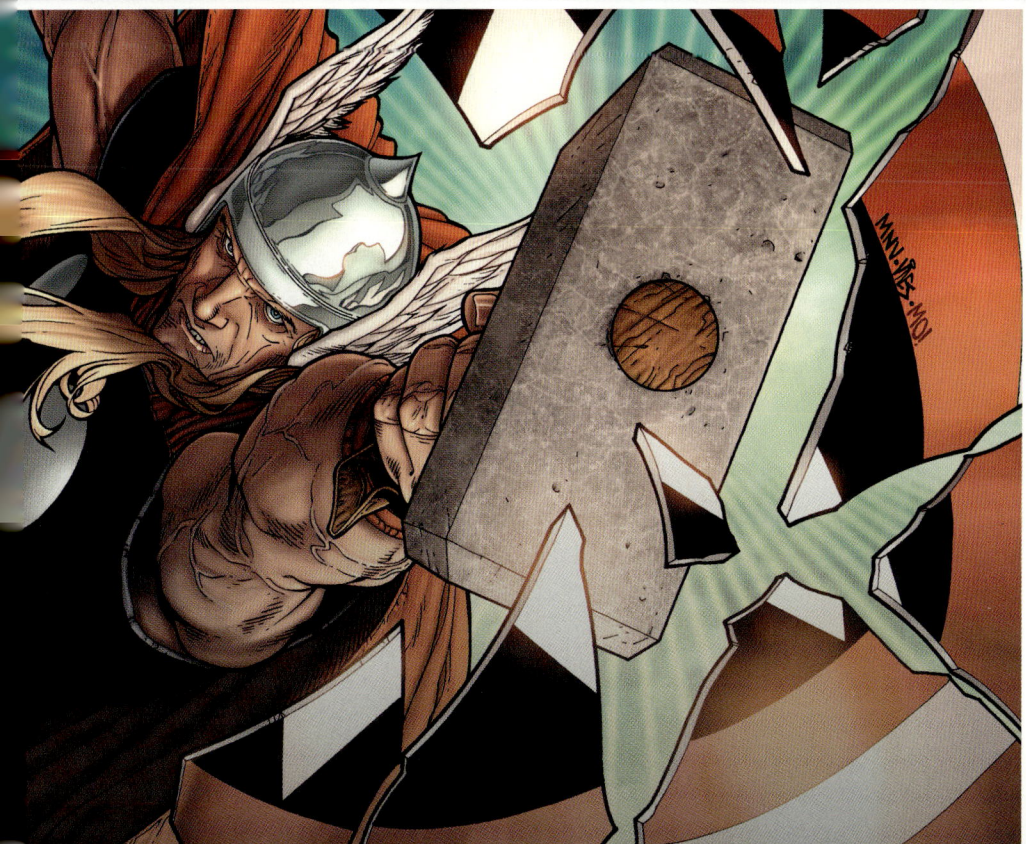

CIVIL WAR 5 : STEVE McNIVEN

CIVIL WAR 6 : STEVE McNIVEN

CIVIL WAR 7 : STEVE McNIVEN

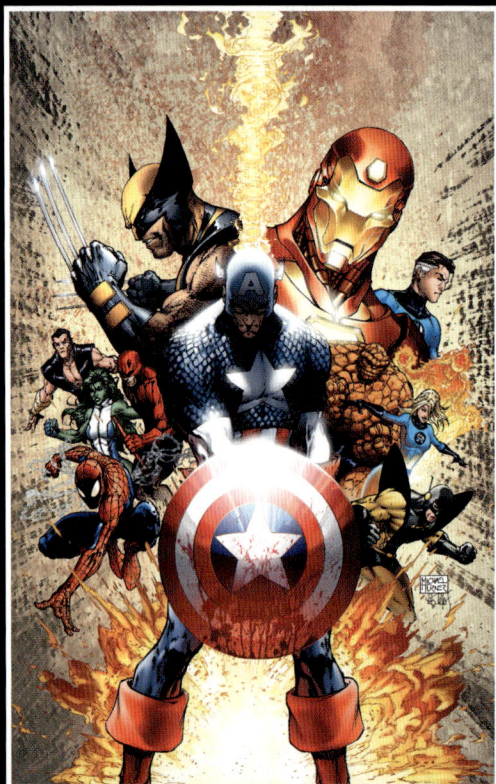

CIVIL WAR 1 VARIANT :
MICHAEL TURNER

CIVIL WA
MICHAE

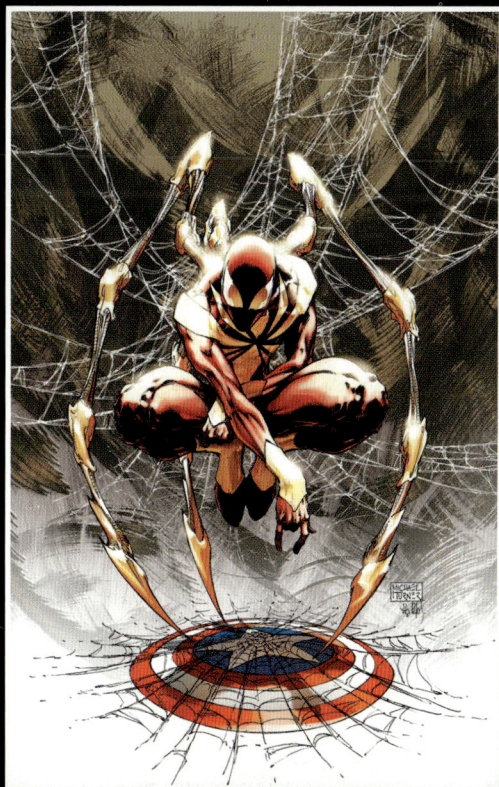

ARIANT :
NER

CIVIL WAR 3 VARIANT :
MICHAEL TURNER

CIVIL WAR 4 VARIANT :
MICHAEL TURNER

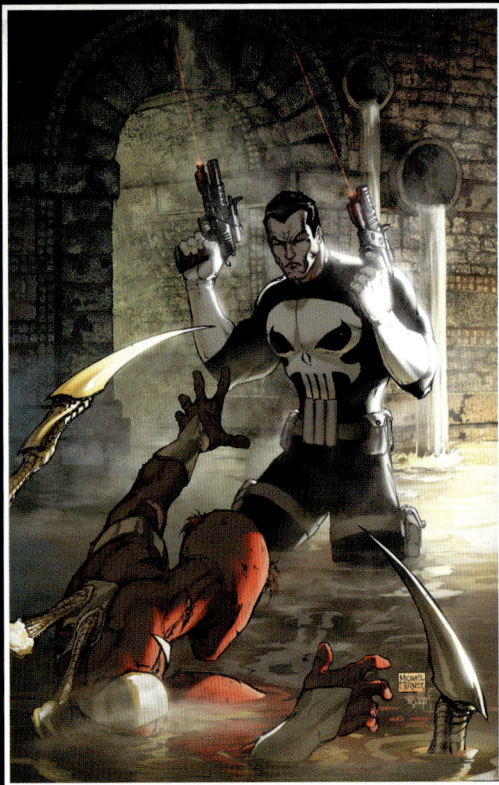

CIVIL WAR 5 VARIANT :
MICHAEL TURNER

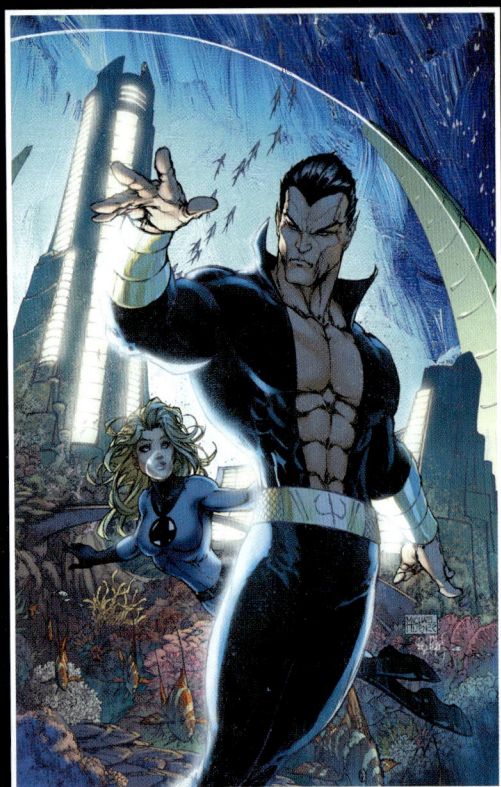

CIVIL WAR 6 VARIANT :
MICHAEL TURNER

CIVIL WAR 7 VARIANT :
MICHAEL TURNER